गद्य-मंजरी

महात्मा गांधी विश्वविद्यालय, कोट्टयम, कॉमर्स एंड मैनेजमेंट, पाठ्यपुस्तक

प्रकाशन विभाग

महात्मा गांधी विश्वविद्यालय कोट्टयम, केरल

सम्पादक-मण्डल

गद्य-मंजरी

महात्मा गांधी विश्वविद्यालय, कोट्टयम, कॉमर्स एंड मैनेजमेंट, पाठ्यपुस्तक

सम्पादक

डॉ. मेरली के. पुन्नूस

सहायक आचार्य एवं शोध मार्गदर्शक
हिन्दी विभाग, सेंट स्टीफंस कॉलेज, उषवूर

डॉ. नादिया सी. राज

सहायक आचार्य, हिन्दी विभाग,
एस.एन. आर्ट्स एंड साइंस कॉलेज, कुमरकम

वाणी प्रकाशन

प्रकाशन के उत्कृष्टतम 61 वर्ष

vaniprakashan.com

प्रथम संस्करण : 2024

वाणी प्रकाशन

4695, 21-ए, दरियागंज, नयी दिल्ली-110 002

फ़ोन : +91 11 23273167, 23275710

शाखाएँ

अशोक राजपथ, पटना-800 004, बिहार

कॉफ़ी हाउस कैम्पस, महात्मा गांधी मार्ग, प्रयागराज-211 001, उत्तर प्रदेश

महात्मा गांधी अन्तरराष्ट्रीय हिन्दी विश्वविद्यालय, वर्धा-442 001, महाराष्ट्र

sales@vaniprakashan.in
vaniprakashan@gmail.com

Gadya Manjari
Edited by Dr. Merly K. Punnoose
Dr. Nadia C. Raj

ISBN : 978-93-6287-820-5
Media

मूल्य : ₹ 75

आर. टेक ऑफ़सेट प्रिंटर्स, दिल्ली-110 032 में मुद्रित

वाणी प्रकाशन का लोगो मक़बूल फ़िदा हुसेन की कूची से

चन्द शब्द

हिन्दी साहित्य की गद्य-विधा सम्पन्न एवं समृद्ध है। नवजागरण काल के दौरान विदेशी सम्पर्क और मध्यमवर्ग के बुद्धिजीवियों द्वारा गद्य-विधा में नवीन से नवीनतम गद्य-विधाओं को जोड़ने का कार्य किया गया। फलस्वरूप कहानी, उपन्यास, नाटक, रिपोर्ताज, निबन्ध, यात्रा-संस्मरण, आत्मकथा, जीवनी, रेखाचित्र, संस्मरण लिखे गये। इन गद्य-विधाओं द्वारा अपने तत्कालीन परिवेश को पाठकों के सामने उघाड़कर अन्याय के विरूद्ध कड़ा संघर्ष करने की पहल की गयी। भारतेन्दु हरिश्चन्द्र ने तो अपनी उन्नति ('देश की उन्नति') के लिए निज भाषा (हिन्दी) को अधिक प्रश्रय देने की बात कही। रोज़मर्रा के जीवन में भी हिन्दी का उपयोग धड़ल्ले से हो रहा है। हिन्दी के अनेक गद्य-विधाओं का अन्य भाषाओं में भी अनुवाद हो रहा है। गद्य-विधा के विभिन्न रूपों से परिचित कराके पाठकों की ज्ञान-सम्पदा और शब्द-सम्पदा को समृद्ध करने का कार्य ही इस पुस्तक के प्रकाशन का मक़सद है। हमें आशा है कि पाठक-वर्ग अवश्य इससे लाभान्वित होंगे। ज्ञान की मशाल लिये दुनिया भर में जुगनू की तरह टिमटिमाते हुए अपने ज्ञान की ज्योति बिखेरने में कामयाब होंगे।

अनुक्रम

भाग-1

सम्प्रेषण की हिन्दी

भाग-2

गद्य

अनुवाद

अभ्यास

भाग-1

सम्प्रेषण की हिन्दी

पारिवारिक सदस्यों के बीच वार्तालाप

पापा : क्या हुआ, मोहन? तुम इतनी गहरी सोच में खोये हुए हो!

मोहन : कुछ नहीं पापा, मैं सोच रहा था कि आपने मेरी पढ़ाई पर इतना ख़र्च किया है। मेरी सारी ज़रूरतें पूरी करते रहे हैं। मैं आपका यह क़र्ज़ कैसे चुका पाऊँगा!

पापा : अरे बेटा, माता-पिता का क़र्ज़ तो कभी नहीं चुकाया जा सकता, हमें बस तुम्हारी ख़ुशी और सफलता से ही सन्तुष्टि मिलती है।

मोहन : वो सब तो ठीक है लेकिन आप बताइए, मैं आपके लिए क्या कर सकता हूँ?

पापा : हमारे लिए तो यही बहुत होगा कि तुम हमारी इज़्ज़त करो और व्यवहार हमेशा अच्छा रखो।

मोहन : लेकिन पापा, आपने एक बार बोला था कि आप चाहते हैं कि मैं कलेक्टर बनूँ।

पापा : वो तो मेरी एक इच्छा है, लेकिन बड़े अफ़सर बनने से भी बढ़कर है–एक अच्छा इन्सान बनना। अगर कलेक्टर बनकर भी तुम घमण्डी और अहंकारी इन्सान बने रहे तो क्या फ़ायदा अफ़सर बनने का।

मोहन : आजकल हर इम्तिहान में इतना कॉम्पिटिशन है कि मुझे लगता है, मेरा आगे का सफ़र बहुत मुश्किल होने वाला है।

पापा : कॉम्पिटिशन तो हर जगह है लेकिन तुम्हें हार नहीं माननी है, तुम्हें लगातार मेहनत करते रहना है। हम हमेशा तुम्हारे साथ खड़े हैं।

मोहन : लेकिन इतनी भीड़ में मैं अपना नाम कैसे बना पाऊँगा?

पापा : भीड़ से डरना नहीं है बल्कि उसका डटकर मुक़ाबला करना है। मैंने कल के अख़बार में एक आर्टिकल पढ़ा कि एक ऐसा लड़का जिसके घर में खाने के लाले पड़े थे, उसने आईएएस की परीक्षा पास कर ली है।

मोहन : उस लड़के को बहुत कठिनाइयों का सामना करना पड़ा होगा न?

पापा : हाँ, लेकिन कहते हैं न, जहाँ चाह वहाँ राह। मेहनत और लगन से किया हुआ काम कभी व्यर्थ नहीं जाता।

मोहन : आपको क्या लगता है, पापा! मेरा भविष्य कैसा होगा?

पापा : तू जो भी क्षेत्र चुनेगा, उसमें सफल होगा अगर दिल लगाके काम करेगा तो।

मोहन : इस भरोसे के लिए आभारी हूँ, पापा!

पापा : तुम जीवन में नित्य आगे बढ़ो। मेरा आशीर्वाद सदा तुम्हारे साथ है, बेटा!

अध्यापक और छात्र के बीच वार्तालाप

अजय : नमस्ते, मास्टर जी!

अध्यापक : नमस्ते, नमस्ते, क्या बात है?

अजय : जी, आपने कल जो व्याकरण पढाया, उसमें मुझे थोड़ा सन्देह है। यदि आपको फ़ुरसत हो तो थोड़ा मुझे समझाने की कृपा करें।

अध्यापक : अच्छा आओ, बैठो। क्या सन्देह है?

अजय : मुझे 'ने' का प्रयोग समझ में ही नहीं आ रहा है।

अध्यापक : देखो, हिन्दी भाषा में 'ने' के प्रयोग की अपनी ख़ासियत होती है। जब सकर्मक क्रिया भूतकाल में प्रयुक्त हो तो कर्ता के साथ 'ने' प्रत्यय लगता है; जैसे–राम ने खाया। मैंने रोटी खायी।

अजय : मास्टर जी, यहीं पर मुझे शंका है। रोटी खाने वाले आप हैं तो 'खायी' का प्रयोग क्यों? 'खाया' होना चाहिए न?

अध्यापक : अभी समझाता हूँ। कर्ता के साथ 'ने' जुड़ने पर क्रिया कर्म के लिंग और वचन के अनुसार आयेगी; जैसे–राम ने रोटी खायी। सरला ने रोटी खायी। राम ने रोटियाँ खायीं। सरला ने रोटियाँ खायीं। राम ने एक केला खाया। सरला ने एक केला खाया। राम ने दस केले खाये। सरला ने दस केले खाये।

अजय : अच्छा, मास्टर जी! यह अच्छी तरह समझ में आ गया।

अध्यापक : अब तुम एक-दो उदाहरण बोलो।

अजय : सीता ने पाठ पढ़ा। शेखर ने गाय को पीटी।

अध्यापक : पहला वाक्य ठीक है। पर दूसरा ग़लत है। यदि कर्म के साथ 'को' जुड़ा हुआ हो या कर्म ज्ञात न हो तो क्रिया पुल्लिग और एकवचन में होती है। इसलिए यह वाक्य 'शेखर ने गाय को पीटा' होना चाहिए।

इसके अलावा 'ने' के प्रयोग में कुछ अपवाद भी है; जैसे–ला, बोल और भूल यद्यपि सकर्मक क्रियायें हैं तो भी भूतकाल में अकर्मक क्रिया के समान मानी जाती हैं। अर्थात् इन क्रियाओं के आने पर कर्ता के साथ 'ने' नहीं जुड़ता; जैसे–नौकर बाज़ार से तरकारी लाया। नेता सभा में बोले। मैं किताब लाना भूल गया। तुम क्या अच्छी तरह से समझ गये?

अजय : जी हाँ! बहुत अच्छी तरह से समझ गया हूँ। आपका बहुत-बहुत धन्यवाद, मास्टर जी!

ग्राहक और रिसेप्शनिस्ट के बीच वार्तालाप

ग्राहक : नमस्ते, मैडम, सुप्रभात! मुझे आपकी मदद चाहिए।

रिसेप्शनिस्ट : सुप्रभात, ज़रूर, सर! बताइए, मैं आपकी क्या मदद कर सकती हूँ?

ग्राहक : मैंने एक हफ़्ते पहले इस होटल में सिंगल रूम बुक किया था, लेकिन अब मुझे वह उपलब्ध नहीं हो पा रहा है। दूसरी रिसेप्शनिस्ट ने बताया कि इस होटल में मेरे नाम से कोई बुकिंग नहीं हुई है।

रिसेप्शनिस्ट : ओह, क्या ऐसा है?

ग्राहक : जी हाँ! क्या आप एक बार इसके बारे में पूछताछ कर सकती हैं?

रिसेप्शनिस्ट : ज़रूर, सर! क्या आप मुझे अपना मोबाइल नम्बर बता सकते हैं?

ग्राहक : हाँ ज़रूर! मेरा नंबर 9754506788 है।

रिसेप्शनिस्ट : हाँ सर! आपने जो नाम बताया है, उस नाम से एक कमरा बुक हो चुका है। यह पहली मंज़िल पर है। कृपया इस तरफ़ से जायें।

ग्राहक : ओह, भगवान का लाख-लाख शुक्र है!

रिसेप्शनिस्ट : चिन्ता मत कीजिए, सर! कमरा बुकिंग हमारे पास ही रहेगी। दूसरी रिसेप्शनिस्ट आपका नाम भूल गयी होगी या ग़लत सुन लिया होगा।

ग्राहक : अरे कोई बात नहीं। आपने सुना होगा कि कल शाम इस होटल में एक बड़ा कार्यक्रम होने वाला है।

रिसेप्शनिस्ट : हाँ सर! मैंने इस कार्यक्रम के बारे में सुना है लेकिन मुझे उसके बारे में ज़्यादा जानकारी नहीं है।

ग्राहक : ठीक है, कोई बात नहीं।

रिसेप्शनिस्ट : दूसरी रिसेप्शनिस्ट की वजह से आपको जो असुविधा हुई, उसके लिए मैं खेद प्रकट करती हूँ। लीजिए, यह रही आपके कमरे की चाबी।

ग्राहक : बहुत-बहुत धन्यवाद!

रिसेप्शनिस्ट : सर, आपको भी!

ट्रेन में दो यात्रियों के बीच वार्तालाप

सोनू : मोनू! आज से छुट्टी शुरू हो गयी। मैं अपनी दादी के यहाँ मुम्बई जा रहा हूँ। तुम कहाँ जा रहे हो?

मोनू : अरे सोनू! क्या बताऊँ! मैं भी छुट्टियों में मस्ती करना चाहता था। पर क्या करूँ? मेरे चाचा बीमार हैं। उन्हें दिल्ली इलाज के लिए ले गये हैं। मैं भी वहीं जा रहा हूँ।

सोनू : ओ हो! मुझे बड़ा दुख हुआ यह जानकर। मैं भगवान से प्रार्थना करता हूँ कि वे जल्द ही ठीक हो जायें। (तभी मोनू के पास उसके पापा का फ़ोन आता है और वे बताते हैं कि अब उसके चाचा ख़तरे से बाहर हैं।)

मोनू : (ख़ुशी से) सोनू, भगवान ने तुम्हारी सुन ली। अब मैं ट्रेन के सफ़र का मज़ा ले सकता हूँ। अरे यार! मुझे बड़ी भूख लगी है। बड़ा पाव लें।

सोनू : हाँ-हाँ, क्यों नहीं! ट्रेन में सफ़र करना कितना आनन्ददायक होता है। मज़ा आ गया।

पथिक और स्थानीय व्यक्ति के बीच वार्तालाप

पथिक : भाई साहब! यह मकान नं. 11 कहाँ पड़ेगा?

स्थानीय व्यक्ति : ब्लॉक कौन सा है? यहाँ तो हर ब्लॉक में मकान नं. 11 है।

पथिक : ब्लॉक 8 है।

स्थानीय व्यक्ति : सीधे चले जाइए। आगे मोड़ पर केला गोदाम है। उससे बायीं तरफ़ तीन गली छोड़कर जो चौथी गली है, वही ब्लॉक 8 है। उसमें लाल रंग का एक मकान है, उसी की बग़ल में मकान नं. 11 आपको मिलेगा।

पथिक : इस सहयोग के लिए बहुत-बहुत धन्यवाद, भाई साहब!

स्थानीय व्यक्ति : ख़ुश रहिए, भाई!

डॉक्टर और मरीज़ के बीच वार्तालाप

बीमार : नमस्ते, डॉक्टर साहब! मुझे कल से बुख़ार है और गला ख़राब है।

डॉक्टर : अरे! तुम्हें बुख़ार तो बहुत ज़्यादा है। तुम्हारी छाती में कफ जमा है, जिससे तुम्हें बुख़ार है। तुमने कल क्या खाया था?

बीमार : डॉक्टर साहब, इतनी गर्मी थी कल कि मैंने ठण्डा पानी पीकर आइसक्रीम खा ली थी।

डॉक्टर : इसीलिए तुम्हारी तबीयत ख़राब हुई। तुम्हें इतना ठण्डा एक साथ नहीं लेना चाहिए था। ऊपर से आज से बारिश भी शुरू हो गयी है। तुम्हें अपना ख़याल रखना चाहिए।

बीमार : डॉक्टर साहब! कुछ कीजिए। मुझे बड़ी तकलीफ़ हो रही है। मेरे मुँह का स्वाद फीका हो गया है और मुझे बड़ी भूख भी लगी है (डॉक्टर उसे दवाइयाँ लिखकर देते हैं और इंजेक्शन लगाते हैं। इंजेक्शन लगाते समय वह ज़ोर से चीख़ता है और बच्चों की तरह रोने लगता है।)।

डॉक्टर : बस, बस! अब ठीक हो जायेगा। अपना ख़याल रखना।

बैंक अधिकारी के साथ वार्तालाप

ग्राहक	:	नमस्ते, क्या आप मेरी मदद कर सकते हैं?
अधिकारी	:	नमस्ते, हाँ, बिल्कुल। कहिए, मैं आपकी क्या मदद कर सकता हूँ?
ग्राहक	:	मुझे एक नया बचत खाता खोलना है।
अधिकारी	:	पहले आप कृपया इस फ़ॉर्म को भर दीजिए। फिर इसके साथ अपना आधार कार्ड , पैन कार्ड और पासपोर्ट साइज फ़ोटो भी लाइए।
ग्राहक	:	ठीक है, मेरे पास ये सारे डॉक्यूमेंट्स हैं। मुझे खाता खोलने में कितना समय लगेगा?
अधिकारी	:	अगर आपके सारे दस्तावेज़ सही और पूर्ण हैं, तो खाता खोलने में लगभग 30 मिनट का समय लगेगा।
ग्राहक	:	अच्छा, क्या मुझे न्यूनतम बैलेंस रखना होगा?
बैंक अधिकारी	:	हाँ, आपको अपने खाते में कम-से-कम 2000 रुपये का न्यूनतम बैलेंस बनाये रखना होगा।
ग्राहक	:	ठीक है, मैं कल आकर अपना खाता खोलूँगा।
बैंक अधिकारी	:	बिल्कुल, आपका स्वागत है। अगर आपको और किसी सहायता की ज़रूरत पड़े, तो कृपया हमें बतायें।
ग्राहक	:	धन्यवाद, आपका दिन शुभ हो!
बैंक अधिकारी	:	धन्यवाद, आपका भी दिन शुभ हो।

ग्राहक और सेवा प्रतिनिधि के बीच वार्तालाप

सेवा प्रतिनिधि : नमस्ते! कहिए मैं आपकी क्या मदद कर सकता हूँ ?

ग्राहक : नमस्ते! मैं एक क्रेडिट कार्ड लेना चाहता हूँ। उसके बारे में जानकारी चाहिए।

सेवा प्रतिनिधि : हमारे पास विभिन्न प्रकार के क्रेडिट कार्ड उपलब्ध हैं, जैसे कि रिवॉर्ड कार्ड, कैशबैक कार्ड, ट्रैवल कार्ड आदि। आप किस प्रकार की क्रेडिट कार्ड लेना चाहते हैं?

ग्राहक : मैं रिवॉर्ड कार्ड लेना चाहता हूँ। कृपया इसके फ़ायदे के बारे में बतायें।

सेवा प्रतिनिधि : इसका मुख्य लाभ यह है कि आपके हर ख़र्च पर आपको रिवॉर्ड पॉइंट्स मिलते हैं, जिन्हें आप बाद में विभिन्न रिवॉड्र्स और ऑफ़र्स के लिए रिडीम कर सकते हैं। इसके अलावा, आपको विशेष शॉपिंग ऑफ़र्स, रेस्टोरेंट डिस्काउंट्स और यात्रा लाभ भी मिल सकते हैं।

ग्राहक : यह बहुत अच्छा है। कृपया मुझे बतायें कि क्रेडिट कार्ड के लिए आवेदन कैसे करना है?

सेवा प्रतिनिधि : आप बैंक के वेबसाइट पर जाकर ऑनलाइन आवेदन कर सकते हैं। आपको पूरा फ़ॉर्म ऑनलाइन भरना होगा।

ग्राहक : कितने दिन के अन्दर क्रेडिट कार्ड मिलेगा?

सेवा प्रतिनिधि : आपके द्वारा दी गयी जानकारी के आधार पर बैंक पहले यह चेक करेगा कि आपको क्रेडिट कार्ड की सुविधा देनी है या नहीं।

ग्राहक : अच्छा! आगे बताइये...

सेवा प्रतिनिधि : इसकी जानकारी आपके द्वारा पंजीकृत मोबाइल नम्बर पर दिया जायेगा। अगर आप रिवॉर्ड कार्ड के लिए एलिजिबल हैं तो एक

महीने के अन्दर क्रेडिट कार्ड आपके दिये गये पते पर डाक द्वारा भेज दिया जायेगा।

ग्राहक : ठीक है, क्रेडिट कार्ड की लिमिट कितनी होगी?

सेवा प्रतिनिधि : क्रेडिट कार्ड की लिमिट आपकी आय, सिबिल स्कोर और अन्य मानदण्डों पर निर्भर करेगी। आवेदन प्रक्रिया के बाद ही कार्ड लिमिट निर्धारित करेंगे।

ग्राहक : ठीक है, धन्यवाद! मैं जल्द ही ऑनलाइन आवेदन भर दूँगा।

सेवा प्रतिनिधि : अगर कोई समस्या होगी तो चिन्ता की कोई बात नहीं है, हम आपकी मदद करेंगे। धन्यवाद!

एजुकेशन लोन के लिए बैंक मैनेजर के साथ वार्तालाप

छात्र : नमस्ते, मैनेजर साहब! मुझे एजुकेशन लोन की ज़रूरत है, क्या आपके बैंक में इसकी सुविधा है?

बैंक मैनेजर : ज़रूर, हमारे बैंक द्वारा उच्च शिक्षा के लिए छात्रों को एजुकेशन लोन की सुविधा दी जाती है। देश-विदेश की किसी भी संस्था में जाकर छात्र अपने सपनों को पूरा कर सकता है।

छात्र : बहुत अच्छा! उधार की राशि कितनी है?

बैंक मैनेजर : हमारे बैंक में शिक्षा लोन की राशि छात्रों को अपनी योग्यता के आधार पर 20-25 लाख रुपये तक दी जाती है।

छात्र : ठीक है जी! ब्याज दर क्या है?

बैंक मैनेजर : ब्याज दर वर्तमान में 8.5% से लेकर 10% तक होती है। यह आपके क्रेडिट स्कोर और लोन की राशि के आधार पर निर्भर करती है। लड़कियों को 0.5% की छूट मिलती है।

छात्र : अच्छा! ठीक है, भुगतान की अवधि कितनी होती है?

बैंक मैनेजर : कोर्स पूरा होने के 6 महीने बाद से आप ई.एम.आई. चुकाना शुरू कर सकते हैं। कुल मिलाकर आप 10 से 15 साल तक ले सकते हैं।

छात्र : ठीक है। लोन के लिए आवेदन कैसे दिया जाता है?

बैंक मैनेजर : आप बैंक की वेबसाइट से आवेदन-पत्र भरकर आवश्यक दस्तावेज़ संलग्न कीजिए। उसके बाद बैंक आपके आवेदन की जाँच करके लोन की प्रक्रिया शुरू करेगा।

छात्र : बहुत धन्यवाद, आपकी सहायता के लिए।

बैंक मैनेजर : अगर और किसी भी प्रकार की सहायता चाहिए हो, तो कृपया सम्पर्क कीजिएगा। धन्यवाद!

पासपोर्ट रिन्यू के लिए कर्मचारी के साथ वार्तालाप

व्यक्ति : नमस्ते!

कर्मचारी : नमस्कार, कहिए मैं आपकी क्या सेवा कर सकता हूँ?

व्यक्ति : मुझे अपना पासपोर्ट रिन्यू करना है।

कर्मचारी : कृपया बताएँ, आपका पासपोर्ट कब समाप्त हो रहा है?

व्यक्ति : मेरा पासपोर्ट अगले महीने समाप्त हो रहा है।

कर्मचारी : आप आसानी से अपना पासपोर्ट रिन्यू कर सकते हैं। क्या अभी आपके पास अपना पुराना पासपोर्ट, आधार कार्ड, पैन कार्ड, राशन कार्ड और नवीनतम पासपोर्ट साइज फ़ोटो है?

व्यक्ति : जी हाँ, ये सब मैं साथ लाया हूँ।

कर्मचारी : बहुत अच्छा! तो मैं अभी आपके पासपोर्ट रिन्यू करने की प्रक्रिया शुरू कर देता हूँ। आप इस आवेदन-पत्र को भर दीजिए।

व्यक्ति : ठीक है, और कुछ?

कर्मचारी : आपको पासपोर्ट की रीइश्यू के लिए शुल्क जमा करना होगा।

व्यक्ति : कितना शुल्क देना होगा?

कर्मचारी : शुल्क की राशि आपके पासपोर्ट के प्रकार और वैधता के अनुसार निर्धारित होती है।

व्यक्ति : ठीक है।

कर्मचारी : मैंने आपके पासपोर्ट रिन्यूअल के लिए आवेदन जमा किया है। आगे की प्रक्रिया के लिए आपको अगले बुधवार को पासपोर्ट सेवाकेन्द्र में आना होगा।

व्यक्ति : धन्यवाद, आपने मेरी बहुत मदद की। मैं अगले बुधवार को आ जाऊँगा।

कर्मचारी : आपका स्वागत है। अगर आपको और किसी सहायता की आवश्यकता हो, तो कृपया हमें बतायें। शुभकामनाएँ आपको!

व्यक्ति : धन्यवाद, सर!

तत्काल टिकट बुक करने के लिए रेलवे अधिकारी के साथ वार्तालाप

रेल्वे अधिकारी : नमस्ते, इंडियन रेल्वे हेल्पलाइन, मैं आपकी क्या सेवा कर सकता हूँ?

यात्री : नमस्ते, मुझे तत्काल टिकट बुक करने के बारे में जानकारी चाहिए।

रेल्वे अधिकारी : जी हाँ, किस ट्रेन और किस तारीख़ के लिए आपको टिकट चाहिए?

यात्री : मुझे दिल्ली से मुम्बई के लिए अगले बुधवार की किसी ट्रेन का टिकट चाहिए।

रेल्वे अधिकारी : ठीक है। तत्काल टिकट बुकिंग यात्रा से एक दिन पहले सुबह 10 बजे एसी क्लास के लिए और 11 बजे नॉन-एसी क्लास के लिए शुरू होती है।

यात्री : अच्छा। और टिकट कैसे बुक कर सकते हैं?

रेल्वे अधिकारी : आप IRCTC की वेबसाइट या मोबाइल ऐप के माध्यम से ऑनलाइन बुक कर सकते हैं, या फिर नजदीकी रेलवे स्टेशन के आरक्षण केन्द्र पर जाकर भी बुक कर सकते हैं।

यात्री : मुझे ऑनलाइन बुकिंग के लिए क्या करना होगा?

रेल्वे अधिकारी : आपको पहले IRCTC की वेबसाइट या ऐप पर लॉगिंग करनी होगी। अगर आपका खाता नहीं है, तो पहले एक खाता खोलना होगा। फिर 'Book Ticket' सेक्शन में जाकर अपनी यात्रा की जानकारी भरें और तत्काल कोटा चुनें।

यात्री : तत्काल टिकट की क़ीमत सामान्य टिकट से अधिक होती है क्या?

रेल्वे अधिकारी	:	जी हाँ, तत्काल टिकट की क़ीमत सामान्य टिकट से थोड़ी अधिक होती है। इसके लिए अतिरिक्त चार्ज ली जाती है।
यात्री	:	और यदि तत्काल टिकट नहीं मिलता है तो?
रेल्वे अधिकारी	:	अगर तत्काल टिकट उपलब्ध नहीं होता है तो आप 'वेटिंग लिस्ट' में भी बुक कर सकते हैं। हालाँकि, यात्रा से पहले कन्फ़र्मेशन की स्थिति चेक करनी होगी।
यात्री	:	और कुछ ध्यान रखना होगा?
रेल्वे अधिकारी	:	जी, तत्काल टिकट बुकिंग के दौरान तेज़ी से काम करना होगा क्योंकि बहुत तेज़ी से टिकट बिक जाते हैं। साथ ही, सही जानकारी भरना महत्त्वपूर्ण है क्योंकि ग़लत जानकारी भरने पर टिकट रद्द हो सकता है।
यात्री	:	समझ गया। धन्यवाद आपकी सहायता के लिए।
रेल्वे अधिकारी	:	धन्यवाद! यात्रा के लिए ढेर सारी शुभकामनाएँ!

भाग-2

गद्य एवं अनुवाद

शर्मिला बोहरा जालान

इनका जन्म 7 जुलाई 1973 को बोहरा राजस्थानी (सूरजगढ़) व्यवसायी मारवाड़ी परिवार में दरभंगा (बिहार) में हुआ। शर्मिला जालान हिन्दी साहित्य की प्रमुख लेखिका हैं, जिनकी रचनाओं में गहरी सामाजिक चेतना और स्त्री-विमर्श की प्रधानता है। उनकी लेखन-शैली सजीव और प्रभावशाली है, जिसमें वे सरल भाषा का प्रयोग करती हैं, जो पाठकों को सीधे प्रभावित करती है। उनके लेखन में गहरी मानवीय संवेदनाएँ और भावनाओं की अभिव्यक्ति देखने को मिलती है।

इनकी प्रमुख कृतियाँ हैं : **उपन्यास** : 'शादी से पेशतर', 'उन्नीसवीं बारिश'; **कहानी-संग्रह** : 'बूढ़ा चाँद', 'राग विराग और अन्य कहानियाँ', 'माँ, मार्च और मृत्यु'; **संस्मरण** : 'प्रबोध कुमार : जो दूसरों की कथा सुनाते रहे', 'मौन की आभा' (प्रबोध कुमार श्रीवास्तव); **निबन्ध** : 'अर्थ प्रेम का', 'महानगर' और 'मॉल'।

सम्मान : भारतीय भाषा परिषद् ने वर्ष 2004 का 'युवा पुरस्कार' उन्हें दिया और उनके लेखन व कृतित्व को गौरवान्वित किया। 'कृष्ण वलदेव वैद फ़ेलोशिप'–2019, 'कन्हैयालाल सेठिया सारस्वत सम्मान'–2017, राजश्री स्मृति न्यास द्वारा समकालीन सृजन गद्य रचना में 'प्रथम पुरस्कार' (1997) आदि।

पाठ-सार

शर्मिला जालान का निबन्ध 'महानगर और मॉल' शहरी जीवन के बदलते परिदृश्य और उपभोक्तावाद के प्रभाव को दर्शाता है। इसमें महानगरों में उभरते मॉलों के कारण सामाजिक और सांस्कृतिक परिवर्तनों पर गहन विचार किया गया है। उन्होंने बताया है कि कैसे मॉलों ने पारम्परिक बाज़ारों की जगह ले ली है और शहर के लोगों की जीवनशैली में महत्त्वपूर्ण बदलाव लाये हैं। निबन्ध में जालान उपभोक्तावाद

के बढ़ते प्रभाव पर भी ध्यान आकर्षित करती हैं। मॉलों की चकाचौंध और वहाँ की भव्यता लोगों को अधिक ख़र्च करने के लिए प्रेरित करती है। शर्मिला जालान ने इस बात पर प्रकाश डाला है कि मॉल में समय बिताना अब एक नया सामाजिक चलन बन गया है, जहाँ लोग मिलते हैं, घूमते हैं और मनोरंजन करते हैं। मॉल एक प्रकार के सामाजिक विभाजन को जन्म देते हैं। उच्च मूल्य निर्धारण के कारण वे केवल उच्च और मध्यम वर्ग के लोगों के लिए ही सुलभ होते हैं, जब कि निम्न वर्ग के लोग इससे बाहर रह जाते हैं। इससे समाज में असमानता की खाई और गहरी होती जाती है। निबन्ध में पर्यावरणीय प्रभावों पर भी चर्चा की गयी है। मॉलों के निर्माण और उनके संचालन के लिए आवश्यक ऊर्जा और संसाधनों की खपत पर्यावरण पर नकारात्मक प्रभाव डालती है। कुल मिलाकर, शर्मिला जालान का निबन्ध 'महानगर और मॉल' एक समकालीन सामाजिक अध्ययन के रूप में प्रस्तुत होता है। यह निबन्ध महानगरों में मॉलों के उदय से जुड़े विभिन्न पहलुओं को उजागर करता है और पाठकों को सोचने पर मजबूर करता है कि वे इस बदलते परिदृश्य का हिस्सा कैसे बन रहे हैं और इसका समाज पर क्या असर पड़ रहा है।

निबन्ध

महानगर और मॉल

शनिवार और रविवार की शाम अगर आप किसी परिचित या मित्र या रिश्तेदार के यहाँ आमन्त्रित नहीं हैं और न ही आपने किसी को आमन्त्रित किया है, तो अपनी शाम गुज़ारने के लिए हो सकता है शायद आप या तो थोड़ी देर मन्दिर-मस्जिद, गुरुद्वारा चले जायें या किसी रम्य पार्क का चक्कर लगा लें या रेस्तराँ में चले जायें, पर सम्भावना महानगर में होने के कारण मॉल में जाने की ज़्यादा है।

नित-नये खुलते-चमकते मॉल का यथार्थ भले ही यह हो कि वह घाटे में चल रहा हो पर वहाँ जाने वाले हर आयु के लोगों के लिए, स्त्री-पुरुष, बच्चों सभी के लिए वह एक ऐसे वातावरण और परिवेश की सृष्टि करता है, जहाँ ठण्डक है, चमक है, जादू है, नये-नये ब्रांड के जूते-चप्पल, कपड़े-बैग, पुस्तकें, राशन के सामान, रसोई के सामान, खिलौने तमाम चीज़ें एक ही छत के नीचे उपलब्ध हैं। पढ़े-लिखे युवा वर्ग में जीवन के हर तरह के उपभोग के लिए अदम्य लालसा है। उसकी पूर्ति है। आवश्यकता का जहाँ अविष्कार किया जाता है। उन्हें लोगों की ज़रूरत बनाया जाता है।

मॉल महानगर के बाशिन्दों को अपनी गिरफ़्त में इस तरह लेता है कि लोग-बाग चीज़ों को देखने, पसन्द करने और ख़रीदने पहुँच जाते हैं। घर में आलमारियाँ लबालब सामान से भरी हों, कपड़ों पर कपड़े ठूँसे हों, जूतों पर जूते और घड़ियाँ, मेकअप के सामान व खिलौने भरे हों, मॉल से लौटने वाला प्राय: अपने दोनों हाथों में पैकेट पकड़े हुए रहता है और इस बात से ख़ुश तथा प्रसन्न कि उसने आफ़र में बहुत कुछ ख़रीदा है और यहाँ-यहाँ उसके पैसे बच गये हैं। यह एक अलग और अनकही व अदृश्य बात है कि कई लोग ख़रीदारी करने के बाद जितने प्रसन्न दिखते हैं घर लौटकर उतने ही अप्रसन्न दिखाई पड़ते हैं।

कहीं और न जाने की रुचि न होने के कारण और विकल्प न ढूँढ़ पाने के कारण हर्बर्ट मारक्यूज के शब्दों में क़दम 'समृद्धि के नरक' यानी मॉल की तरफ़ चले जाते हैं। मॉल ही एक ऐसी जगह मालूम पड़ती है जहाँ जाया जा सकता है। पर

मध्यवर्ग पर झोंक में की गयी इस ख़रीदारी का आर्थिक दबाव पड़ता है। वह खिन्न नज़र आता है और वह झुँझलाहट उसके अपने लोगों पर घर आने पर निकलती है। 'मॉल' जाने के लिए विशेष तरह से तैयारी होती है। जो प्रायः जाते रहते हैं और अभ्यस्त होते हैं, उनकी बात अलग है पर जो नये-नये जाने वाले हैं, वे आलीशान मॉल के आभिजात्य वातावरण के अनुसार कपड़े, चप्पल-जूते, घड़ी पहनते हैं। पूरी तैयारी दिखती है। वस्त्रों से लेकर बोलने के अन्दाज़ में और जेब की तैयारी तो अति आवश्यक धर्म है ही। वैसे इन तैयारियों के साथ 'मॉल्की' यात्रा होती है और लौटने के बाद तमाम चीज़ें जैसे परिधान, घड़ी, सैंडल, जूते वग़ैरह मध्य वर्ग का व्यक्ति खोलकर एहतियात से रख देता है। प्रसन्नता-अप्रसन्नता के बीच झूलता अपनी शाम एक वातानुकूलित स्थल में बिता चुकने के बाद थककर वह सो जाता है कि सुबह उसे काम पर लगना है।

मॉल में किस वर्ग के लोग ज़्यादा जाते हैं, यह अध्ययन का विषय है। ज़ाहिर है जिसे समाजवादी चिन्तक किशन पटनायक 'बुद्धिजीवी वर्ग' कहते हैं, वह जाता है और जाता है उच्च वर्ग। यह वह वर्ग है जिसका घर मॉल के ब्रांडेड सामान से पहले ही लदा-फँदा है और वहाँ जाकर दो-तीन चीज़ें और वह ले ही आता है जो ग़ैरज़रूरी हैं। चीज़ें और सिर्फ़ चीज़ें। कपड़े और सिर्फ़ कपड़े। इन कपड़ों, जूतों, घड़ियों, बैगों की सार-सँभाल घर की गृहिणी को ज़्यादा करनी पड़ती है और कम-बेशी पुरुष और बच्चों को भी अपने में उलझाये रहती है।

देखा यह भी गया है कि पूरा-पूरा दिन इन सामान की, कपड़ों की सार-सँभाल में चला जाता है। कई बार होता यह है कि सामान की बहुतायत के कारण नये कपड़े, जूते या तो आँखों से ओझल हो जाते हैं या उनका नम्बर ही नहीं आता, सो छोटे पड़ जाते हैं या पुराने।

पारम्परिक बाज़ारों और दुकानों में न जाकर जहाँ चीज़ों का मोल-तोल किया जा सकता है, गली-गली घूमकर नयी वस्तुओं को पाने की कोशिश न कर मॉल से क़ीमती व महँगे कपड़े तथा अन्य सामान ख़रीद जाते हैं। जहाँ सजावट और सेटिंग से ज़रूरी और ग़ैरज़रूरी सभी चीज़ें आकर्षित करती हैं। पहले लोगों में जैसा आकर्षण मेलों का होता था, वैसा ही आकर्षण अब हर मौसम और हर महीने में मॉल का होता है, जहाँ जश्न भी है और हर क़िस्म का माल भी। मॉल में जाना लोगों के जीवन में एक ऐसे संसार की सृष्टि कर रहा है, जहाँ संवाद की जगह सामान ने ले ली है। लगाव, स्नेह, प्रेम की जगह अकेलेपन ने ले ली और ऐसा सुख प्राप्त हो रहा है जो भ्रम है। इसने अमीरों और ग़रीबों के बीच बढ़ती खाई को और बढ़ाने में

योगदान दिया है। आलीशान मॉल से बाहर निकलने पर जब भिखारी घेर लेते हैं, तब इस विषम खाई का अन्दाज़ा हम और लगा सकते हैं।

यह एक अलग पक्ष भी है उन उच्च वर्ग के लोगों का, जो मॉल को एक ऐसा स्थल पाते हैं, जिसके परिसर में एक साथ एक छत के नीचे तरह-तरह के साधन उपलब्ध हैं। सामाजिक सुरक्षा की दृष्टि से इस वर्ग की एक माँ अपनी युवा बेटी को निर्भय होकर ख़रीदारी करने या फ़िल्म देखने या जन्मदिन की दावत खाने को छोड़ सकती है। ऐसे माता-पिता का यह तर्क भी है कि मॉल में बाउंसर होते हैं, जिससे सुरक्षा बनी रहती है। वही बाउंसर जो पहले सिर्फ़ बार और बड़े रेस्तराँ में ही देखे जाते थे। बच्चों को खेलने की आधुनिक जगह 'टाइम जोन' कोने में छोड़ महिलाएँ अपनी पसन्द की चीज़ें ख़रीद सकती हैं, 'तफरीह' कर सकती हैं। एक ही परिसर में अलग-अलग फ़िल्में चलती हैं। फ़िल्मों का समय लचीला है। अलग-अलग समय पर देर रात फ़िल्म देख, उसी परिसर में खा-पीकर घर लौटा जा सकता है। स्टार-मार्क, क्रॉस वर्ल्ड आदि जगहों पर बच्चों, युवा को अकेले छोड़ा जा सकता है। इस वर्ग का यह कहना है कि मॉल कितने सारे लोगों को रोज़गार दे रहा है। सिक्यूरिटी गार्ड की फ़ौज खड़ी होती है मॉलों में। तो निम्न वर्ग को रोज़गार मुहैया करा रहा है मॉल। पर सवाल यह उठता है कि मॉल संस्कृति ने क्या सामाजिक जीवन में जहाँ खुली अर्थव्यवस्था है, ग़रीब-अमीर वर्गों के बीच पहले से बहुत दूरी है, उसे और नहीं बढ़ा दिया है?

विकास के भोग-उपभोग की यह सामाजिक प्रक्रिया सामाजिक संघर्ष को और नहीं बढ़ा रही है···ऐसे में शीन काफ़ निज़ाम का शेर याद आता है–*"रास्ता ये कहीं नहीं जाता, आ गये तुम इधर किधर बाबा।"*

सुकेश साहनी

सुकेश साहनी का जन्म 5 सितम्बर 1956 को लखनऊ, उत्तर प्रदेश में हुआ। उन्होंने एम.एस-सी. (जियोलॉजी) तथा डी.आई.आई.टी. (एप्लाइड हाइड्रॉलॉजी) की शिक्षा मुम्बई से पूरी की।

समकालीन हिन्दी लघुकथा-लेखन से जुड़कर सुकेश साहनी की रचनाधर्मिता अपने समय, सच एवं परिवेश से सीधा साक्षात्कार करती है। सुकेश साहनी हिन्दी साहित्य जगत् के प्रमुख लघुकथा लेखकों में से एक हैं। उनका लेखन हिन्दी लघुकथा को एक नयी दिशा देने में सक्षम रहा है।

कार्यक्षेत्र : उन्होंने उपन्यास, कहानी, लघुकथा तथा बालकथाओं पर अपनी लेखनी चलायी है। उनकी रचनाएँ अनेक हिन्दी पत्र-पत्रिकाओं में प्रकाशित हुई हैं। लघुकथा की विकास-यात्रा में महत्त्वपूर्ण योगदान दिया है।

उनकी प्रमुख कृतियाँ हैं : **कहानी-संग्रह** : 'मैग्मा और अन्य कहानियाँ'; **लघुकथा-संग्रह :** 'डरे हुए लोग', 'ठण्डी रज़ाई'; **बालकथा :** 'अक्ल बड़ी या भैंस'; **अनुवाद :** 'ख़लील जिब्रान की लघुकथाएँ'। इसके अलावा इन्होंने लघुकथाओं के आधे दर्जन से अधिक संकलनों का सम्पादन किया। 'रोशनी' कहानी पर दूरदर्शन के लिए टेलीफ़िल्म का निर्माण किया गया।

'डॉ. परमेश्वर गोयल लघुकथा सम्मान', 'माता शरबती देवी पुरस्कार', 'डॉ. मुरली मनोहर हिन्दी साहित्यिक सम्मान', बरेली कालेज, बरेली का 'स्वर्ण जयन्ती सम्मान', 'माधवराव सप्रे सम्मान' आदि सम्मानों से वे अलंकृत किये गये।

पाठ-सार

सुकेश साहनी की रचना 'ठण्डी रज़ाई' में मार्मिक क़िस्सा चित्रित है, जो एक ग़रीब परिवार के जीवन की कठिनाइयों और उनके भीतर की उदारता को दर्शाता है। कहानी

'ठण्डी रज़ाई' समाज में व्याप्त आर्थिक तंगी, ग़रीबी और उदारता को उघाड़ती है। साथ ही यह भी उजागर करती है कि कैसे एक ग़रीब परिवार अपने सीमित साधनों के बावजूद दूसरों की मदद के लिए तैयार रहता है। उनकी छोटी-छोटी ज़रूरतों और संघर्ष, उनकी उदारता और मानवीयता को समझता-बूझता है। अन्ततः, कहानी यह सन्देश देती है कि उदारता और मदद का भाव हमें आन्तरिक सन्तोष और ख़ुशी प्रदान करता है, चाहे हमारी परिस्थितियाँ कितनी भी कठिन क्यों न हों।

लघुकथा

ठण्डी रज़ाई

"कौन था?" उसने अँगीठी की ओर हाथ फैलाकर तापते हुए पूछा।

"वही, सामने वालों के यहाँ से", पत्नी ने कुढ़कर सुशीला की नक़ल उतारी, "बहन, रज़ाई दे दो, इनके दोस्त आये हैं।" फिर रज़ाई ओढ़ते हुए बड़बड़ाई, "इन्हें रोज़-रोज़ रज़ाई माँगते शर्म नहीं आती। मैंने तो साफ़ मना कर दिया–आज हमारे यहाँ भी कोई आने वाला है।"

"ठीक किया।" वह भी रज़ाई में दुबकते हुए बोला, "इन लोगों का यही इलाज है।"

"बहुत ठण्ड है!" वह बड़बड़ाया।

"मेरे अपने हाथ-पैर सुन्न हुए जा रहे हैं," पत्नी ने अपनी चारपाई को दहकती अँगीठी के और नज़दीक घसीटते हुए कहा।

"रज़ाई तो जैसे बिल्कुल बर्फ़ हो रही है, नींद आये भी तो कैसे!" वह करवट बदलते हुए बोला।

"नींद का तो पता ही नहीं है!" पत्नी ने कहा, "इस ठण्ड में मेरी रज़ाई भी बेअसर-सी हो गयी है।"

जब काफ़ी देर तक नींद नहीं आयी तब वे दोनों उठकर बैठ गये और अँगीठी पर हाथ तापने लगे।

"एक बात कहूँ, बुरा तो नहीं मानोगी?" पति ने कहा।

"कैसी बात करते हो?"

"आज ज़बर्दस्त ठण्ड है, सामने वालों के यहाँ मेहमान भी आये हैं। ऐसे में रज़ाई के बग़ैर काफ़ी परेशानी हो रही होगी।"

"हाँ, तो?" उसने आशा-भरी नज़रों से पति की ओर देखा।

"मैं सोच रहा था...मेरा मतलब यह था कि...हमारे यहाँ एक रज़ाई फालतू ही तो पड़ी है।"

"तुमने तो मेरे मन की बात कह दी, एक दिन के इस्तेमाल से रज़ाई घिस थोड़े ही जायेगी।" वह उछलकर खड़ी हो गयी, "मैं अभी सुशीला को रज़ाई दे आती हूँ।"

वह सुशीला को रज़ाई देकर लौटी तो उसने हैरानी से देखा, वह उसी ठण्डी रज़ाई में घोड़े बेचकर सो रहा था। वह भी जम्हाइयाँ लेती हुई अपने बिस्तर में घुस गयी। उसे सुखद आश्चर्य हुआ, रज़ाई काफ़ी गर्म थी।

सुशीला टाकभौरे

सुशीला टाकभौरे का जन्म 4 मार्च 1954 को होशंगाबाद, मध्य प्रदेश में हुआ। वे हिन्दी साहित्य की सुपरिचित कवयित्री-कथाकार और नाटककार हैं। दलित-संवेदना और स्त्री-सरोकारों के लिए उल्लेखनीय हैं।

प्रमुख रचनाएँ हैं : **काव्य संग्रह :** 'स्वाति बूँद और खारे मोती', 'यह तुम भी जानो', 'तुमने उसे कब पहचाना', 'हमारे हिस्से का सूरज'; **कहानी-संग्रह :** 'अनुभूतियों के घेरे', 'टूटता वहम', 'संघर्ष' और 'ज़रा समझो'; **उपन्यास :** 'नीला आकाश', 'वह लड़की', 'तुम्हें बदलना ही होगा'; **नाट्य-कृति** : 'नंगा सत्य', 'रंग और व्यंग्य'; **आत्मकथा** : 'शिकंजे का दर्द'। इसके अलावा 'हिन्दी साहित्य के इतिहास में नारी' और 'भारतीय नारी : समाज और साहित्य के ऐतिहासिक सन्दर्भों में' उनके स्त्री-विषयक निबन्धों का संग्रह है। उनके दलित-विषयक वैचारिक लेखों का संग्रह है 'परिवर्तन ज़रूरी है'। इसके अतिरिक्त 'दलित साहित्य : एक आलोचना दृष्टि' और 'दलित लेखन में स्त्री-चेतना की दस्तक' उनकी आलोचना-कृति है। उन्हें मध्य प्रदेश दलित साहित्य अकादमी का विशिष्ट सेवा सम्मान', रमणिका फ़ाउंडेशन का 'सावित्रीबाई फुले सम्मान', 'महाराष्ट्र राज्य हिन्दी साहित्य अकादमी का 'डॉ. उषा मेहता हिन्दी सेवा सम्मान' आदि से सम्मानित किया गया है।

पाठ-सार

'शिकंजे का दर्द' महत्त्वपूर्ण साहित्यिक कृति है जो दलित-विमर्श और स्त्रीवादी दृष्टिकोण के साथ गहरे सामाजिक और सांस्कृतिक मुद्दों को उजागर करती है। इस आत्मकथा में लेखिका ने अपने जीवन के संघर्षों, सामाजिक भेदभाव और उत्पीड़न के व्यक्तिगत अनुभवों को सजीवता के साथ प्रस्तुत किया है। यह एक साधारण व्यक्ति द्वारा किये गये असाधारण संघर्ष की कहानी है, जो समाज में समानता और

न्याय की वकालत करती है। सुशीला जी ने इस कृति के ज़रिये न केवल अपनी आवाज़ बुलन्द की है, बल्कि उन तमाम दलित स्त्रियों की आवाज़ को बुलन्द किया हैं जो समाज में अपने अधिकारों के लिए संघर्षरत हैं। यह कृति पाठकों को समाज के विभिन्न पहलुओं पर पुनर्विचार करने और जाति एवं लिंग के आधार पर होने वाले भेदभाव के ख़िलाफ़ जागरूकता लाने की दिशा में कारगर कदम है।

शिकंजे का दर्द

मकान किराये पर लेने की भी बहुत लम्बी कहानी है। बहुत दिनों तक, कितने महीनों तक हम किराये के मकान की खोज में भटकते रहे। किराये का मकान ढूँढ़ते समय हमें हर जगह अपनी जाति बतानी पड़ी। हम अपनी जाति वाल्मीकि बताते थे। महाराष्ट्र प्रान्त में कुछ लोग 'वाल्मीकि' नाम से हमारी जाति के वर्ण और जातिभेद के स्तर को नहीं समझ पाते थे, तब वे हमें दो-चार दिन के बाद आने के लिए कहते। दो-चार दिन में वे 'वाल्मीकि रहस्य' को जान लेते, तब दोबारा उनके पास जाने पर उनका टका-सा ज़बाब मिलता–"मकान किराये पर नहीं देना है।"

"आप हमारे मकान में कैसे रह सकते हैं।'

"वाल्मीकि कहकर आप हमें बेवकूफ़ बना रहे थे।" कई बार इस तरह की बातों से शर्मिंदा होना पड़ा था। हम जलालखेड़ा क्षेत्र के गौलीपुरा में एक मकान देखने गये। मकान में गाय-भैंस का तबेला था। वह मकान अहीर जाति का था। मकान के सामने और आसपास दलदल जैसा गोबर और पानी का गारा था जिससे गोबर और मूत्र की सड़ी दुर्गन्ध आ रही थी। उस मकान में पीछे के दो ख़ाली कमरे किराये पर देना था।

घर मालिक ने हमसे जाति पूछी। हमने वाल्मीकि बताया। वह कुछ समझा नहीं। उसने कहा–"बाद में आओ।" दूसरे दिन प्रकाश हाईस्कूल की आठवीं कक्षा की एक लड़की ने मुझे बताया–'टीचर जी कल आप जिस घर को देखने गये थे, वे कह रहे थे वाल्मीकि याने भंगी होता है। वे आपको किराये से घर नहीं देंगे।" मैंने पूछा–"तुमको कैसे मालूम हुआ।" लड़की बोली–"मैं वहीं रहती हूँ।" तब मैं किसको क्या कहती! ऐसी स्थिति में हमें किराये का मकान कहीं भी नहीं मिल रहा था।

हमने बहुत मिन्नतें करके महेन्द्रे कामरेड का मकान किराये पर लिया था। इसके लिए भी बहुत पापड़ बेलना पड़ा। शेरसिंह नाहर दूर के रिश्ते का भतीजा है,

उनके साथ टाकभौरे मकान मालिक से मिले। हमारी जाति का नाम सुनकर कामरेड की पत्नी ने मकान देने से साफ़ इनकार कर दिया। उनका बेटा और शेरसिंह नाहर के बीच मित्रता थी। दोनों एक ही पार्टी का काम करते थे मगर मकान देने की बात अलग थी। तब टाकभौरे जी ने हमारे स्कूल के संस्थापक और मैनेजर श्री प्रकाशे जी से मिन्नतें कीं और उन्हें साथ लेकर कामरेड की पत्नी और बेटे से मिलने गये। प्रकाशे जी जैसे बड़े व्यक्ति के आग्रह पर कामरेड की पत्नी ने मुश्किल से मकान देना स्वीकार किया, सबसे पहले तो मकान का किराया ही दुगुना बताया। यद्यपि महेन्द्रे कामरेड की पत्नी नाराज़ थी। महेन्द्रे जी नहीं थे, बेटे ने माँ को समझाया। फिर भी माँ ने हमारे लिए कई बन्धन और शर्तें रखी थीं–"तुम्हारे रिश्तेदार यहाँ नहीं आयेंगे। तुम यहाँ कोई कार्यक्रम आदि नहीं करोगे। तुमसे पड़ोसियों को कोई परेशानी नहीं होनी चाहिए।" ऐसी अनेक शर्तों को हमने सहज ही मान लिया था।

मिट्टी की दीवार और छोटे देशी कबेलू की छत का वह मकान बहुत पुराना था। दोनों तरफ़ घरों की कॉमन दीवारें थीं। घर में दिन में भी अँधेरा रहता था। छत और दीवारों से मिट्टी गिरती रहती। फिर भी हमने वह मकान अधिक किराये पर ख़ुशी से ले लिया। जाति के कारण कहीं और दूसरा मकान मिलना मुश्किल था। लोग किसी की पहचान पाने के लिए सबसे पहले जाति पूछते हैं–"आप कौन हैं?" इसका मतलब है, "आप किस जाति के हैं?" मकान किराये पर लेने के लिए तो जाति का अपना महत्त्व है। जाति के बिना समाज नहीं हो सकता, जाति के बिना इन्सान नहीं हो सकता, जाति की जानकारी के बिना सामाजिक व्यवहार नहीं हो सकता। ऐसी स्थिति में कामरेड भाई का वह टूटा-फूटा मकान मिल सका, उसी में सन्तोष किया।

हम 1980-81 के बीच भालदारपुरा के पास बहुजन मराठा समाज की इस बस्ती में रहे। मिट्टी के उस अँधेरे घर में मैंने पहली बार अपनी गृहस्थी शुरू की। सासू माँ बीमार थी। ननद जब-तब आकर ख़ूब खरी-खोटी सुनाकर जाती। अपना कहने को वहाँ आसपास कोई नहीं था। दिन इसी तरह बीतते रहे, एकाकी, अपने आप में सीमित। हम चुप-चुप ही रहते थे। पारिवारिक समस्या और आर्थिक कठिनाइयों के साथ-साथ हम जातिभेद के दंश भी सहन कर रहे थे। पड़ोसियों की उपेक्षा और तटस्थता से अपमान महसूस होता था, ज़ाहिर तौर पर भी अपमान होता रहा।

एक दिन सुबह मैं अपना आँगन, घर झाड़ने की झाड़ू से झाड़ रही थी। पड़ोस की महिला भी आँगन झाड़ने के लिए बाहर आयी। पति के पानठेले के भरोसे

ग़रीबी में उनका गुजारा होता था। उसे देखकर मैंने औपचारिकतावश पूछा–"हो गया काम।" कभी-कभी ऐसे ही एक-दो बातें होती थीं। हम बात कर रहे थे, तभी वहाँ अपनी झोली लेकर एक भिखारी आया। उसने ज़ोर से आवाज़ लगायी–"माँ, दया करो...धर्म के नाम पर दान करो..." पड़ोसन तुरन्त भिक्षा लेने अन्दर चली गयी। मैं उस भिखारी को देख रही थी। तभी सामने के घर की महिला ने भिखारी को आवाज़ देकर बुलाया। वह भिक्षा पहले ही दे चुकी थी, अब कोई नेक सलाह दे रही थी। भिखारी सिर हिलाता हुआ वापस आया। पड़ोसन ने एक कटोरी आटा बहुत श्रद्धाभाव के साथ उसकी झोली में डाला।

मैं बरामदे में आ गयी। बरामदे से मैंने देखा और सुना, पड़ोसन भिखारी से हमारे घर की ओर इशारा करके कह रही थी–"महाराज जी! इस घर की भिक्षा नहीं लेना। यहाँ ज़मादारन रहती है।" यह सुनते ही मेरे कानों में जैसे बम फटा। मेरा सिर झन्ना गया, जैसे किसी ने कनपटी पर झन्नाटेदार चोट मारी हो। उसे पता था, मैं हाईस्कूल में शिक्षिका हूँ, फिर भी सवर्ण मानसिकता के कारण जाति से और ऊँच-नीच के जातिभेद से उसने मुझे बस यही समझा था। भिखारी ने झूमते हुए सिर हिलाकर कहा–"अच्छा हुआ माता जी, आपने बता दिया। मैं भला उनके घर का आटा कैसे ले सकता हूँ।"

सामने के घर की महिला ने भी भिखारी को बुलाकर यही कहा होगा। यह मेरा अपमान था मगर कहीं कोई चारा नहीं था। मैंने बरामदे से भिखारी को और पड़ोसन को देखा। पड़ोसन फटी हुई पुरानी साड़ी पहने थी। रूखा-सूखा चेहरा, सूखे-सूखे हाथ-पैर थे, जैसे कई दिनों से भरपेट न खाया हो। भिखारी पूरी तरह चकाचक दिख रहा था। सिर में भरपूर डाला गया तेल चेहरे पर भी चमक रहा था। काला रंग और गोल-मटोल शरीर था। वह सस्ता नक़ली रेशम का भगवा कुर्ता और पीली धोती पहना था। लाल रंग का रेशमी दुपट्टा गले में लिपटा था। माथे पर सफेद चन्दन की तीन लकीरें बनी थीं। पैरों में बाटा का जूता और मोज़े थे। कुछ भिखारी माँगने के लिए स्वाँग बनाकर रखते थे। भिक्षा देने वाले उन्हें महाराज कहते। भिखारी मेरे घर की ओर देखते हुए आगे बढ़ गया। यदि वह मुझसे माँगता, तब भी मैं उस चिकने-चुपड़े भिखारी को कुछ नहीं देती। मगर यहाँ तो वह न माँगकर मेरा अपमान करके गया था।

भिखारी चला गया। पड़ोसन महिला भी घर के अन्दर चली गयी, मगर मैं वहीं बरामदे में खड़ी इस बात पर सोचती रही। मन में उथल-पुथल होती रही। "जाति

ऐसी चीज़ है जो कभी जाती नहीं है। जाति-व्यवस्था जनमानस में बहुत गहराई तक अपनी जड़ें जमाकर बैठी है। इन्सान के जीवन में जैसे जाति ही सब कुछ है, बाक़ी और कुछ भी नहीं।" इस बात से मेरा मन दुखी हो गया था। भालदारपुरा के उस मोहल्ले में ऊँची जाति की कहलाने वाली एक भी महिला ग्रेजुएट नहीं थी। मैट्रिक भी नहीं होगी। वे घर का काम करने वाली बाई जैसी ही थीं। फिर भी उनमें उच्च जाति का अभिमान था। मराठा, कुनबी, कोष्टी, तेली, तमोली जैसी बहुजन जाति की होकर भी वे स्वयं को श्रेष्ठ मानती थीं। वे मुझे स्कूल में अध्यापन के लिए जाते देखती थीं, मगर इस बात का उनके लिए कोई महत्त्व नहीं था। याद रखने की बात सिर्फ़ जाति थी।

जातिभेद के दंश ने मुझे बहुत पीड़ित किया है। मेरे साथ ही ऐसी घटनाएँ क्यों घटीं। यह बात नहीं है, ऐसी घटनाएँ मेरे जैसे सभी के साथ लगातार घटती रही हैं। अपमान वे ही महसूस करते हैं जिन्हें सम्मान मिला हो या जिन्होंने सम्मान को समझा हो। सम्मान मिलने पर भी मैंने लगातार ऐसे जातिभेद और छुआछूत के अपमान को भोगा है। मानसिक सन्ताप की वे घटनाएँ मेरे लिए अविस्मरणीय बन गयी हैं।

विवेकी राय

विवेकी राय का जन्म 19 नवम्बर 1924 को ज़िला-ग़ाज़ीपुर में और निधन 22 नवम्बर 2016 को वाराणसी में हुआ। हिन्दी और भोजपुरी भाषा के प्रसिद्ध साहित्यकार एवं ग्रामीण भारत के प्रतिनिधि रचनाकार थे। वे ललित निबन्ध, कथा-साहित्य और कविता-कर्म में समाभ्यस्त थे। आज भी विवेकी राय 'कविजी' उपनाम से जाने जाते हैं।

उनका रचना-कर्म कविता, कहानी, उपन्यास, निबन्ध, रेखाचित्र, संस्मरण, रिपोर्ताज, डायरी, समीक्षा, सम्पादन, पत्रकारिता आदि विविध विधाओं से जुड़ा हुआ है।

इनकी प्रमुख कृतियाँ हैं : **उपन्यास :** 'सोनमाटी', 'समर शेष है', 'मंगल भवन', 'नमामि ग्रामम्', 'देहरी के पार'; **ललित निबन्ध :** 'न तुलसी की गन्ध', 'जीवन अज्ञात का गणित है', 'उठ जाग मुसाफ़िर', 'मनबोध मास्टर की डायरी'; **कहानी :** 'आम रास्ता नहीं है', 'आस्था और चिन्तन', 'अतिथि', 'लौटकर देखना', 'लोकरिन'; **संस्मरण :** 'मेरे शुद्ध श्रद्धेय'; **रिपोर्ताज :** 'जुलूस रुका है'; **डायरी :** 'मनबोध मास्टर की डायरी'; **काव्य :** 'दीक्षा'।

सम्मान : 'पण्डित राहुल सांकृत्यायन सम्मान', केडिया सांस्कृतिक संस्थान का सम्मान, 'देवरिया का आनन्द सम्मान', विक्रमशीला विद्यापीठ का सम्मान, गांधीनगर इशीपुर भागलपुर का 'विद्यासागर सम्मान', हिन्दी सम्मेलन का 'विद्यावाचस्पति', साहित्य महोपाध्याय की मानद उपाधि तथा हिन्दी साहित्य सम्मेलन प्रयाग की ओर से प्रदत्त 'साहित्य वाचस्पति' आदि।

पाठ-सार

विवेकी राय द्वारा लिखित रिपोर्ताज 'जुलूस रुका है' सामाजिक, आर्थिक और राजनीतिक परिवर्तनों की सूक्ष्म विवेचना प्रस्तुत करता है। यह विशेष रूप से भारत

के ग्रामीण जीवन के बदलते परिदृश्य और उससे उत्पन्न समस्याओं पर केन्द्रित है। रिपोर्ताज की शैली जीवन्त और सजीव है, जो पाठकों को सीधे उस परिवेश की ओर खींच लेती है। राय ने गाँव के सामान्य जीवन, उनके संघर्षों, आशाओं और निराशाओं को बहुत ही संवेदनशीलता और यथार्थवादी तरीक़े से प्रस्तुत किया है।

यहाँ जुलूस एक प्रतीक के रूप में प्रयुक्त है, जो ग्रामीण जनता के सामूहिक आन्दोलन और उनकी आवाज़ को दर्शाता है। लेकिन जुलूस का रुक जाना यह इंगित करता है कि उनके आन्दोलन और उम्मीद एक जगह आकर ठहर गये हैं और वे उसे आगे नहीं बढ़ा पा रहे हैं।

रिपोर्ताज

जुलूस रुका है

15 अगस्त 1960 ई.

खुशी का दिन, ख़ुशियाँ मना लो। प्रगति का दिन, गीत गुनगुना लो। जो गफलत में पड़े हैं, उनसे कहो–मगर, नहीं। थोड़ा रुककर। अभी सामने है एक बड़ा-सा चित्र। जन-मन-गन की मधुर मंगल गूँज के साथ नया सवेरा आया। आसमान की सुनहरी किरणों ने धरती के प्रफुल्लित कमलों को चूम लिया। शंख बजे। घण्टा घड़ियाल बजे। प्रभात-फेरियों में दुहराया गया, 'उठ जाग मुसाफ़िर भोर भई, अब रैन कहाँ जो सोवत है।' परन्तु यह तो पुरानी बात हो गयी। हाँ, हम स्वतन्त्र होकर जगे। बेशक जगे। ख़ूब जगे। महात्मा गांधी की जै! भारत माता की जै!! स्वतन्त्रता ज़िन्दाबाद !!! आगे बढ़ें। समवेत रूप में आगे बढ़ें। चालीस करोड़ नर-नारियों का एक विशाल जुलूस आगे बढ़ा। इन्द्रधनुष की भाँति तिरंगा झण्डा मुक्त आकाश में प्राचीक्षितिज पर एक छोर से दूसरे छोर तक फहर गया। तुमुल जय-निनाद में मेघ के गुरु-गर्जन की ओजस्विता और दृढ़ क़दमों में उमड़ी गंगा-धार की अजयता आ गयी। नेता आगे-आगे बोलता है और पीछे से कोटि-कोटि कण्ठ दुहराते हैं–

'सूरज बाद रुके तो भी–
ये क़दम नहीं रुक सकते हैं !

जुलूस दिल्ली से चला। जी हाँ, सीधे लालक़िले से निकला। आगे बढ़ा और बढ़ता गया। आशा थी कि बढ़ता ही जायेगा, परन्तु यह क्या? बीच रास्ते में, रघुनाथपुर में, एक छोटे-से गाँव में आकर रुक गया। एक क्षण के लिए रुक गया। नेता ने गाया–

बाधाओं का बड़ा हिमालय
वीर नहीं झुक सकते हैं !

स्वतन्त्रता का जुलूस रुक गया? क्यों रुक गया? हिमालय की क्या इच्छा

है? क्या वह धूर-धूर होना चाहता है? सचमुच जुलूस का रुक जाना मामूली बात नहीं। इस पर सोचना होगा। मगर प्रश्न यह है कि देर तक सोचने का समय भी नहीं है। झटपट सोचना होगा। जुलूस रुका है यानी स्वतन्त्रता रुकी है। तिरंगे झण्डे का अपमान हो रहा है। वे पवित्र गीत कलंकित हो रहे हैं। यह कैसी बाधाओं का हिमालय है?

अब एक छोटा चित्र। आइए देखिए, यह रघुनाथपुर है। स्वतन्त्रता का जुलूस रोकने वाला हिमालय नहीं बल्कि रास्ते का रोक है। मूर्खता छाती फुला-फुलाकर बोलती है। रास्ता बन्द है! रास्ता बन्द है!! चार-पाँच हाथ चौड़ा रास्ता, सार्वजनिक रास्ता, पुश्त-दर-पुश्त से चला आता रास्ता, मिट्टी फेंककर लम्बे-लम्बे काठ के टुकड़े रखकर, बबूल की बड़ी-बड़ी कटीली डालियाँ बिखेरकर, खूँटे गाड़-गाड़कर, गोबर आदि घिनौनी वस्तुओं से एकदम रोककर बन्द कर दिया। क्यों बन्द कर दिया? अब इसे कौन पूछे? लोग इधर-उधर से घूमकर जाते हैं। कष्ट उठाते हैं। कहते हैं, बड़ा अत्याचार होता है! मगर कहने से क्या? रास्ता बन्द करने वालों का रास्ता खुला है। कष्ट उन्हें है, जिनका नाम जनता है। जो मूक है। उन्हें रास्ता बन्द करने की स्वतन्त्रता है और इन्हें कष्ट सहने की स्वतन्त्रता है। एक बार आँख उठाकर देखते हैं, सीधा-सादा रास्ता कितना दुर्गम और कंटकाकीर्ण हो गया? जब तक दुखी लोग इस छोटे-से गाँव के अपने छोटे-से इस रास्ते को खुलवाने के लिए ग्राम सभापति, तहसीलदार साहब, डिप्टी साहब, कलक्टर साहब और मिनिस्टर साहब के यहाँ अर्जी लेकर हाज़िर हों, तब तक आ गया यह पन्द्रह अगस्त!

रुँधी हुई गली के एक छोर पर जुलूस और दूसरे छोर पर एकत्रित नर-नारियों का एक छोटा समुदाय। प्रभात की बेला, किसी को स्नान करने जाना है, किसी को कुएँ से पानी लाना है और रास्ता बन्द! बातें होती हैं–

"अब लोग किस रास्ते से आयेंगे?" एक ने कहा–

"स्कूली लोग हैं। मास्टर भी हैं!" उत्तर मिला–

आज क्या है कि झण्डा-पताका लेकर चले हैं? कोई हाकिम-हुक्काम आ रहा है क्या?"

"हमारा लड़का कहता था कि आज पन्द्रह अगस्त है। जुलूस निकलेगा।" एक बूढ़े ने कहा–

"यह पन्द्रह अगस्त क्या है जी?" एक ने पूछा–

'कुछ होगा। सरकारी काम होगा। मालूम नहीं होता है। चन्दा वग़ैरह माँगना होगा।"

"अरे, नहीं भाई, सुनते हैं कि आज के दिन ही भारत आज़ाद हो गया।" एक

आगन्तुक बोला–

"आज़ाद हो गया? हा...हा...हा...हा...एकदम आज़ाद हो गया। हा...हा... हा...!"

"तभी तो कोई रास्ता रोकता है, कोई गली रोकता है, कोई घाट रोकता है, कोई पानी फेंकता है तो कोई छवर काटकर खेत बना रहा है! सबको आज़ादी है"
बूढ़ा बोला–

"अब तो इच्छा होती है कि गाँव छोड़कर कहीं और जगह बसूँ।"

"रास्त रोकने वाले को काली माई उठा ले जाये!" एक स्त्री बोली।

"हे, काहे को गाली देकर ज़बान ख़राब कर रही हो? कोई ज़बान खींच ले तब?" एक ने कहा।

"ऐं? तुमको क्यों बुरा लगता है? अच्छा, तो तुमने भी तो अपनी गली दो हाथ आगे बढ़कर, घूर फेंकवाकर उसे पतली और गन्दी कर दी है। इसी से बात लग रही है।" दूसरे ने उत्तर दिया।

"कौन नहीं रोके है? क्या तुमने नहीं वह पूरब ओर नदी की ओर जाने वाला रास्ता टट्टी लगाकर बन्द कर दिया है?"

'वह तो मेरा दरवाज़ा है। तुम अपने आप को क्यों नहीं रोकते कि बगीचे के कोने पर काँटे बिछाकर रास्ते बन्द कर दिये हैं!"

"बाप की बात मत कहो, नहीं तो मारकर लाठी से गरदन तोड़ दूँगा।"

"ऐसे ही वीर हो तो यह रास्ता क्यों नहीं साफ़ करा लेते! लाज नहीं लगती कि हमारे दरवाज़े से होकर गाँव के बाहर जाते हो?"

"देखो भाई तुम लोग लड़ाई मत करो।

किसका-किसका लोगे नाव,
कमरी ओढ़े सगरे गाँव!

जिसका जहाँ घात लग गया रोक दिया। किसी ने थोड़ा रोक दिया, किसी ने अधिक। अब सवाल है कि देखो उस पार वह लड़कों का जुलूस रुका है, उसे रास्ता दो। वह किधर से निकलेगा? एक ने कहा–

"यह जुलूस-फुलूस हम कुछ नहीं जानते हैं। रास्ता नहीं खुलेगा।" एक जवान जोश में बोल उठा–

"खुलेगा क्यों नहीं?"

"चलो न, ताक़त हो तो बढ़ो।"

"अच्छा तो चलो रोको! मैं चल रहा हूँ।"

"अच्छा, चलो! चलो रे!, चलो निकालो लाठी! बहुत बाघ बने हैं! रास्ता खोलेंगे? जब गाँव के रास्ते खुलेंगे तब यह रास्ता खुलेगा नहीं तो ऐसे ही बन्द रहेगा। और अगर कोई माई का लाल है तो आवे।"

लाठियाँ निकल गयीं। भाले निकल गये। सिर पर पगड़िया बाँधी जाने लगीं। आस्तीनें चढ़ायी जाने लगीं। धोती के फेटे कसे जाने लगे। ललकारें दी जाने लगीं, ज़वान छरकने लगे, क्योंकि आज़ादी ख़तरे में थी। क्योंकि बन्द रास्ता खुल नहीं सकता था। उस छोर पर जुलूस और इस छोर पर हंगामा। 15 अगस्त का सवेरा और आज़ादी का दिन। स्वतन्त्रता का जुलूस और गाँव की गली!

मैं स्वयं बहुत चिन्तित हूँ। कभी जाकर उस स्वतन्त्रता के जुलूस को देखता हूँ और कभी इन मूर्ख ग्रामीणों को जिन्हें प्रजातन्त्र सौंपा गया। बुद्धि काम नहीं करती है। सोचता हूँ–

जुलूस रुकने वाला नहीं है। वह रुकेगा नहीं। वह आगे बढ़ेगा। वह आगे बढ़ा। राष्ट्र के भावी कर्णधार हैं। हमारी नयी पीढ़ी है। वे बच्चे हैं। अरे, ओफ! वे फँस गये। महात्मा गांधी की जयकार करते आगे बढ़े। काँटों में उलझकर वस्त्र फट गये। अनेक कीचड़ में गिर पड़े। पैर लहूलुहान हो गये। कपड़े बिगड़ गये। गिरते-उठते, लड़खड़ाते सँभालते, जान पर खेलकर और हाय! हाथ-पैर, सारे शरीर से रक्त की धार बह निकली। होंठों पर गीत। दिल में आज़ादी की भोली भावना और आगे-आगे तिरंगा झण्डा!

फिर सोचता हूँ। जुलूस तो आ गया रोक तोड़कर और ग्रामीण? ओफ! वे भी नहीं मानने वाले हैं। गलियों में लाठियाँ भनभना रही हैं। खपरैले गिर रही हैं। खड़खड़...खड़खड़...खपरैलें नहीं, यह लाठियों की टक्कर है। रास्ते के छोर से दूसरी गली तक, पागलों की अन्धभिड़न्त! सिर फट गये। हाथ टूट गया और ख़ून से कुर्ते रँग गये। गरजन-तरजन और चीख़-पुकार! भाले ने और ग़ज़ब किया। गलियों में रक्त की धारा बह चली। हाय रे अभागे मूर्ख!

मेरा ध्यान दोनों ओर के ख़ून बहने की घबराहट में टूट गया तो देखा सामने वही जुलूस है, वह जहाँ का तहाँ खड़ा है। आगे रास्ता बन्द है। एक-एक क्षण महत्त्वपूर्ण है। स्वतन्त्रता गाँव की गली के छोर पर रुकी है। अब मैं एक सवाल सारे देश से पूछ रहा हूँ कि यह स्वतन्त्रता का जुलूस कब तक यहाँ रुका रहेगा।

असग़र वजाहत

असग़र वजाहत का जन्म 5 जुलाई 1946 को फतेहपुर, उत्तर प्रदेश में हुआ। वे हिन्दी साहित्य के क्षेत्र में 'साठोत्तरी काल' के बाद के सुप्रसिद्ध कथाकार-उपन्यासकार और नाटककार के रूप में माने जाते हैं। इन्होंने आधुनिक हिन्दी गद्य साहित्य की अनेक विधाओं में साहित्य का सृजन किया है जिनमें नाटक, उपन्यास, कहानी, नुक्कड़ नाटक, आलोचना, यात्रा-वृत्तान्त, धारावाहिक लेखन, पटकथा लेखन और अनुवाद कार्य शामिल हैं।

उनकी प्रमुख कृतियाँ हैं : **उपन्यास** : 'सात आसमान', 'रात में जागने वाले', 'पहर दोपहर'; **कहानी-संग्रह** : 'दिल्ली पहुँचना है', 'स्विमिंग पुल', 'आधी बानी' आदि; **नाटक :** 'जिस लाहौर नइ देख्या ओ जम्याइ नइ', 'फिरंगी लौट आये', 'गोडसे@गांधी.कॉम', 'वीरगति', 'समिधा'; **यात्रा-संस्मरण :** 'चलते तो अच्छा था', 'पाकिस्तान का मतलब क्या'।

पुरस्कार एवं सम्मान : आधुनिक 'हिन्दी गद्य-साहित्य में विशेष योगदान देने के लिए असग़र वजाहत को संगीत नाटक अकादमी का सम्मान, 'हिन्दी अकादमी कथा सम्मान', 'इन्दु शर्मा कथा सम्मान' व अन्य कई पुरस्कारों से नवाजा गया है।

पाठ-सार

असग़र वजाहत की लेखनी की विशेषता यह है कि वह सरल भाषा में गहरे और गम्भीर विचार प्रस्तुत करने में सक्षम हैं। उनकी दृष्टि व्यापक है और वे अपने अनुभवों के माध्यम से समाज की विविधता और उसमें निहित समानताओं को उभारते हैं। वे अपने संस्मरण में हास्य और व्यंग्य का भी समावेश करते हैं, जिससे पाठक जुड़े रहते हैं और कहानी में रुचि बनी रहती है।

असग़र वजाहत का यात्रा-संस्मरण 'उस गली में मेरे पैरों के निशाँ कैसे हैं' एक अद्वितीय और संवेदनशील संस्मरण है जिसमें लेखक ने अपनी यात्राओं और अनुभवों को बहुत ही सरल और आकर्षक शैली में प्रस्तुत किया है। इसमें लेखक ने स्थानों का विवरण मात्र नहीं दिया है, बल्कि उन स्थानों के सांस्कृतिक, सामाजिक और ऐतिहासिक पहलुओं को भी उजागर किया है। 'उस गली में मेरे पैरों के निशाँ कैसे हैं' में असग़र वजाहत ने यात्रा के दौरान आने वाली कठिनाइयों, आश्चर्यों और विभिन्न संस्कृतियों के प्रति अपने विचारों को ख़ूबसूरती से पिरोया है।

उस गली में मेरे पैरों के निशाँ कैसे हैं

दिल्ली में कमलेश्वर इस यात्रा में साथ थे। बारिश और दैत्याकार ट्रकों द्वारा टूटी-फूटी सड़कों पर गाड़ी में ज़ोर का कमरतोड़ धक्का लगता था तो याद आ जाता था कि यह धक्का बहत्तर वर्षीय कमलेश्वर को भी लगा होगा और अगर वे सह रहे हैं तो हमें अपनी ज़ुबान बन्द ही रखनी चाहिए। मऊ स्टेशन में हमें तथागत नामक एक होटल में ले जाया गया। यह बहुत सुखद यात्रा नहीं थी। लेकिन उसके बाद जोकहरा और फिर वहाँ से गंगोली की यात्रा सब्र का इम्तिहान लेने वाली थी। जय प्रकाश 'धूमकेतु' ने यात्रा को सुखद बनाने के लिए एक तरीक़ा अपनाया था। तरीक़ा यह था कि दूरियाँ कम करके बताते थे। जैसे जोकहरा से गंगोली साठ किलोमीटर दूर है लेकिन वे बताते थे यही कोई पच्चीस तीस किलोमीटर है। गन्तव्य पर पहुँचने पर ही मोहिनी मुस्कुराहट के साथ बताते थे कि यदि यह बता दिया होता कि दूरी इतनी है तो शायद...

हिन्दी के चर्चित लेखक और विवादास्पद सम्पादक विभूति नरायण राय के लिए यदि दुर्लभ शब्द का प्रयोग किया जाये तो अनुचित न होगा। उत्तर प्रदेश में पुलिस के अत्यन्त वरिष्ठ इस अधिकारी ने दस साल पहले अपने गाँव जोकहरा में एक पुस्तकालय की स्थापना की थी। मऊ से हम सीधे जोकहरा पहुँचे और वहाँ राष्ट्रीय संगोष्ठी 'हिन्दुस्तानी की परम्परा और राही मासूम रज़ा का साहित्य' विषय पर परिचर्चा शुरू हुई।

दिल्ली या अन्य महानगरों की गोष्ठियों की तुलना में यहाँ ऐसे लोगों की बड़ी संख्या थी जो वास्तव में कुछ जानना चाहते हैं। सुनना और समझना चाहते हैं। स्कूलों के छात्र थे। गाँव के लोग थे। आसपास के ज़िलों से आये साहित्यप्रेमी और पत्रकार थे। यहाँ विख्यात हिन्दी साहित्यप्रेमी सुधीर शर्मा भी मिले जो गोवा जेल में दस वर्ष की सज़ा काटरकर अब पुस्तकालय में काम कर रहे हैं।

गोष्ठी में हिन्दुस्तानी की परम्परा पर बातचीत हुई। उस परम्परा की चर्चा हुई जो अमीर ख़ुसरो, कबीर, मीरा से होती निराला और फ़िराक़ गोरखपुरी तक आती है। वह परम्परा जो आज हिन्दी और उर्दू साहित्य को जीवन्त बनाये हुए हैं।

मेरे लिए इस गोष्ठी का विशेष महत्त्व यह था कि इसमें कुछ छायांकन करने का था। मैं चाहता था कि राही के घर, गाँव और कुछ लोगों के चित्र ले लिये जायें ताकि गवाही रहे और बेवक़्त पर ज़रूरत काम आये।

राही के घर के सामने के आँगन में शामियाना लग गया था, इसलिए घर का चित्र सामने से नहीं खिंच पाया। घर के वे हिस्से जहाँ चित्र खींचे जा सकते थे, वहाँ फ़ोटोग्राफ़ी की। अन्दर का आँगन जिसका ज़िक्र 'आधा गाँव' में है। श्यामबाड़ा, डयोड़िया, बैठक और पुरानी डोलियाँ सबको सुरक्षित कर लिया। खपरैल की छतों पर कलाकारी और मिट्टी की लिपी-पुती दीवारें और छतों पर किया गया लकड़ी का काम कमरे के जैस में समाते चले गये। घर के बाद मैंने उपन्यास में वर्णित उत्तर पट्टी और दक्खिन पट्टी के घरों की राह ली।

मोहरम का ताज़िया जहाँ रखा जाता है, जुलूस जिन गलियों से गुज़रता है, गाँव की मजिस्द, तालाब, मन्दिर, धान के फैले हुए खेत, अमराइयाँ, बाँस के झुरमुट फ़िल्म स्ट्रिप पर उतरते चले गये, सैयद नफ़ीस अहमद, जो राही के रिश्तेदार हैं, से मैंने पूछा कि राही की कविताओं में नील के गोदाम का ज़िक्र है, वह कहाँ है। उन्होंने कहा नील का गोदाम कुछ दूर है, मैं आपको स्कूटर से ले चलता हूँ।

मैं उनके साथ नील के गोदाम गया। रास्ते में वह स्कूल पड़ा जहाँ राही ने प्रारम्भिक शिक्षा प्राप्त की थी। वह तालाब मिला जहाँ गाँव के लड़के नहाते थे। राही की कविताओं और गाँव में बड़ी समानता है। राही का साहित्य जीवन्त हो गया था। लोकार्पण समारोह बहुत सादा लेकिन विशेष था। प्रो. कुँवरपाल सिंह ने बताया कि राही की बड़ी ख़्वाहिश थी कि 'आधा गाँव' उर्दू में छपे। लेकिन गंगोली में उसका लोकार्पण भी कम महत्त्वपूर्ण नहीं है।

लोकार्पण समारोह के बाद हम सब मऊ आ गये। अगले दिन 'धूमकेतु' ने एक प्रेस कांफ्रेस रखी थी। मऊ के प्रेसकर्मियों से जो बात हुई, वह बड़ी सार्थक लगी और यह भी समझ में आया कि आज संवादविहीनता की स्थिति है। यदि संवाद बनाया जाये तो बहुत-सी अनबूझ पहेलियों के उत्तर मिल सकते थे।

अनुवाद

शब्दानुवाद

	शब्द अनुवाद	-	पारिभाषिक शब्दावली
1.	Agency	-	अभिकरण
2.	Account	-	खाता
3.	Audit	-	लेखा परीक्षा
4.	Administration	-	प्रशासन
5.	Basic pay	-	मूल वेतन
6.	Branch	-	शाखा
7.	Consumer	-	उपभोक्ता
8.	Candidate	-	उम्मीदवार
9.	Certificate	-	प्रमाणपत्र
10.	Date	-	तारीख़
11.	Delivery	-	वितरण
12.	Depositor	-	जमाकर्ता
13.	Editor	-	सम्पादक
14.	Employee	-	कर्मचारी
15.	Enquiry	-	पूछताछ
16.	File	-	मिसिल
17.	Fund	-	निधि
18.	Gazette	-	राजपत्र
19.	Government	-	सरकार
20.	Grant	-	अनुदान
21.	Heading	-	शीर्षक
22.	Head quarter	-	प्रधान कार्यालय

23. Income tax - आयकर
24. Index - सूची
25. Joint - संयुक्त
26. Journalist - पत्रकार
27. Leave - छुट्टी
28. Manager - प्रबन्धक
29. Marksheet - अंक सूची
30. National language - राष्ट्रभाषा
31. Notice - सूचना
32. Office - कार्यालय
33. Parliament - संसद
34. Partnership - साझेदारी
35. Pay scale - वेतनमान
36. Ratio - अनुपात
37. Registration - पंजीकरण
38. Sales tax - बिक्री कर
39. Termination - निष्कासन
40. Uniform - वर्दी
41. Valuation - मूल्यांकन
42. Welfare - कल्याण
43. Witness - साक्षी
44. Yearly - वार्षिक
45. Zonal - क्षेत्रीय

वाक्यानुवाद

अंग्रेज़ी वाक्य का हिन्दी अनुवाद करें

1. Students come with book.
2. Teacher writes on the board.
3. Seema and Sooraj go to Delhi.
4. I am reading a book right now.
5. He is doing his homework.
6. It is raining outside.
7. We are enjoying the game.
8. Grandpa maybe sleeping now.
9. Sooraj may be coming from the office.
10. They may be going to watch a movie.
11. You will get good marks in the exam.
12. We will buy a new house next week.
13. Sooraj will go to college tomorrow.
14. I shall go to the bank tomorrow.
15. I shall draw its picture.
16. Ramesh went to the market.
17. Grandmother told a story to the children.
18. We have seen the Taj Mahal.
19. He has completed his homework.
20. Children must have returned home from school.
21. Kamala and Vimala must have seen that.
22. Rohit had gone to Delhi in his childhood
23. He had finished his work.
24. Anjali had eaten more.
25. Birds can fly.
26. They can't do this work.
27. The Cuckoo started to sing.
28. Teacher started to teach.

29. I want to study Hindi.
30. They want to play outside.
31. I had forgotten that matter.
32. I had to go to Mumbai.
33. I think he will come.
34. Hello! how are you?
35. Are you coming with me?
36. Are you crazy?
37. As you wish.
38. It doesn't matter.
39. How much is this pen?
40. Well done! keep it up.
41. How do you know about him?
42. Please bring me a glass of water.
43. I should read newspaper.
44. I should eat vegetables.
45. Let him go outside.
46. Let her talk.
47. May I come in?
48. May I ask a question?
49. Nice to meet you.
50. Have a nice day.

हिन्दी अनुवाद

1. बच्चे किताब लेकर आते हैं।
2. अध्यापक बोर्ड पर लिखता है।
3. सीमा और सूरज दिल्ली जाते हैं।
4. मैं अभी किताब पढ़ रही हूँ।
5. वह अपना गृहकार्य कर रहा है।
6. बाहर पानी बरस रहा है।
7. हम खेल का आनन्द ले रहे हैं।
8. दादा जी अब सोते होंगे।
9. सूरज दफ़्तर से आता होगा।
10. वे सिनेमा देखने जाते होंगे।
11. तुम परीक्षा में अच्छे अंक प्राप्त करोगे।

12. हम अगले सप्ताह नया घर ख़रीदेंगे।
13. सूरज कल कॉलेज जायेगा।
14. मैं कल बैंक जाऊँगा।
15. मैं इसका चित्र बनाऊँगा।
16. रमेश बाज़ार गया।
17. दादी ने बच्चों को कहानी सुनायी।
18. हमने ताजमहल देखा है।
19. उसने अपना गृहकार्य पूरा किया है।
20. बच्चे स्कूल से वापस घर आये होंगे।
21. कमला और विमला ने देखा होगा।
22. रोहित अपने बचपन में दिल्ली गया था।
23. उसने अपना काम पूरा कर लिया था।
24. अंजलि ने ज़्यादा खाया था।
25. चिड़ियाँ उड़ सकती हैं।
26. वे यह काम नहीं कर सकते।
27. कोयल गाने लगी।
28. अध्यापिका पढ़ाने लगी।
29. मैं हिन्दी पढ़ना चाहता हूँ।
30. वे बाहर खेलना चाहते हैं।
31. मैं वह बात भूल चुका हूँ।
32. मुझे मुम्बई जाना पड़ा।
33. मुझे लगता है कि वह आयेगा।
34. नमस्ते! आप कैसे हैं?
35. क्या आप मेरे साथ आ रहे हैं?
36. पागल हो क्या?
37. जैसी आपकी मर्ज़ी।
38. इससे कोई फ़र्क़ नहीं पड़ता।
39. यह क़लम कितने की है?
40. बहुत अच्छा! इसे जारी रखें।
41. उसके बारे में तुम्हें कैसे पता?

42. कृपया मेरे लिए एक गिलास पानी लाइए।
43. मुझे अख़बार पढ़ना चाहिए।
44. मुझे सब्ज़ियाँ खानी चाहिए।
45. उसे बाहर जाने दो।
46. उसे बोलने दो।
47. क्या मैं अन्दर आ सकता हूँ?
48. क्या मैं एक सवाल करूँ?
49. आपसे मिलकर अच्छा लगा।
50. आपका दिन शुभ हो।

अनुच्छेदानुवाद

हिन्दी में अनुच्छेद :

न्याय या सोने का सिक्का

एक दिन अकबर ने बीरबल से पूछा कि अगर उसे सोने के सिक्के और न्याय के बीच विकल्प दिया जाये तो वह क्या चुनेगा।

"जहाँपनाह, मैं निश्चित रूप से सोने का सिक्का चुनूँगा।" बीरबल का त्वरित उत्तर आया।

अकबर को आश्चर्य हुआ, दरबार में सन्नाटा छा गया। बीरबल के उत्तर से सभी आश्चर्यचकित रह गये।

"मुझे इस उत्तर की आशा नहीं थी, बीरबल! न्याय एक मामूली सोने के सिक्के से भी अधिक महत्त्वपूर्ण है।" अकबर ने निराशा के स्वर में कहा।

"मुझे क्षमा करें, महामहिम! लेकिन मेरा मानना है कि व्यक्ति को वह चीज़ माँगनी चाहिए जो उसके पास नहीं है। आपके शासन ने यह सुनिश्चित किया है कि हर जगह न्याय हो। हालाँकि मेरे पास पैसे की कमी है, इसलिए मैंने सोने का सिक्का चुना।"

अकबर गर्मजोशी से मुस्कुराये और बीरबल को सौ सोने के सिक्कों से पुरस्कृत किया।

वर्षा ऋतु

हिन्द महासागर और अरब सागर से भारत की ओर आने वाली हवाएँ मानसून लेकर आती हैं, जो भारी वर्षा कराती हैं। मानसून जून से सितम्बर तक भारत में रहता है, जिसे वर्षा ऋतु के नाम से जाना जाता है। भारत में वर्षा ऋतु ग्रीष्म ऋतु के बाद आती है। किसानों को बड़ी बेसब्री से वर्षा के मौसम का इन्तज़ार रहता है। किसानों के खेतों में फ़सल उगाने के लिए वर्षा का महत्त्वपूर्ण योगदान होता है। गर्मी से सूखे

खेतों और वनस्पतियों के लिए वर्षा ऋतु नया जीवन लेकर आती है। नदी, तालाब, कुएँ आदि बरसात के मौसम में दोबारा भर जाते हैं। गर्मी में तापमान बढ़ जाता है और वर्षा का महीना इस गर्मी से राहत देता है। बरसात के मौसम में सबसे अधिक वर्षा जुलाई और अगस्त महीने में होती है। वर्षा ऋतु धरती पर रहने वाले सभी जीवों के लिए वरदान मानी जाती है।

हॉकी

हॉकी भारत वर्ष का राष्ट्रीय खेल है। इसके वर्तमान स्वरूप की शुरुआत 1860 में इंग्लैंड में हुई थी। रोलर हॉकी, मैदानी हॉकी, स्लेज हॉकी, आइस हॉकी–हॉकी खेल के अन्य रूप हैं। स्लेज हॉकी विकलांगों द्वारा, आइस हॉकी बर्फ पर तथा रोलर हॉकी खिलाड़ी पहियेवाले जूते पहनकर खेलते हैं। मेजर ध्यानचन्द, मनप्रीत सिंह, के.डी. सिंह बाबू, अजीत पाल सिंह, बलवीर सिंह तथा रूप सिंह भारत के सर्वश्रेष्ठ हॉकी खिलाड़ियों के रूप में जाने जाते हैं। मैदान के बीच में एक सफ़ेद रंग की सेंटर लाइन खींची जाती है। हॉकी का खेल रफ़्तार से खेला जाता है, इसलिए इसे रफ़्तार के खेल के तौर पर भी जाना जाता है। इस खेल में दो टीमें होती हैं तथा प्रत्येक टीम में 11-11 खिलाड़ी होते हैं। हॉकी खेल को एक J आकार की छड़ी तथा एक छोटी-सी गेंद से खेला जाता है। J आकार की छड़ी की लम्बाई 36-38 सेमी. तथा गेंद का वजन 340 से 790 ग्राम के बीच होता है। हॉकी की दोनों टीमों में से जो सबसे ज़्यादा गोल करती है, वही टीम खेल ख़त्म होने के बाद विजेता घोषित होती है।

दीपावली

दीवाली एक ऐसा त्योहार है जो भारत में व्यापक रूप से मनाया जाता है। यह त्योहार दुनिया भर में रहने वाले भारतीयों द्वारा मनाया जाता है। दीवाली को रोशनी का त्योहार भी कहा जाता है। इस त्योहार से पहले हम अपने घरों की अच्छे से सफ़ाई करते हैं। त्योहार के दिन हम दीये जलाते हैं और प्रार्थना करते हैं। हम अपने घरों को रंग-बिरंगी रंगोलियों, गेंदे की मालाओं और कई तरह की रोशनियों से सजाते हैं। इस दिन हम स्वादिष्ट मिठाइयाँ और अन्य व्यंजन बनाते हैं। मेरे माता-पिता मुझे त्योहार पर पहनने के लिए हमेशा नये कपड़े दिलाते हैं। दीवाली पर हम दोस्तों

और रिश्तेदारों को मिठाइयाँ उपहार में देते हैं। यह सुनिश्चित करने के लिए कि इन त्योहारों के दिनों में हर कोई खुश रहे, मेरा परिवार ग़रीबों के बीच मिठाई और अन्य उपहार वितरित करता है।

हिन्दी अनुच्छेद का अंग्रेज़ी में अनुवाद :

Justice or a Gold Coin

One day, Akbar asked Birbal if he were given a choice between a gold coin and justice, what would he choose.

"Your Majesty, I would definitely choose the gold coin," came Birbal's prompt reply.

Akbar was surprised, and the court fell silent. Everyone was astonished by Birbal's answer.

"I didn't expect this answer, Birbal! Justice is more important than a mere gold coin," Akbar said in a disappointed tone.

"Forgive me, Your Majesty. But I believe one should ask for what they lack. Your reign has ensured justice everywhere. However, I lack money, so I chose the gold coin."

Akbar smiled warmly and rewarded Birbal with 100 gold coins.

The Rainy Season

Winds coming from the Indian Ocean and the Arabian Sea bring the monsoon to India, which causes heavy rainfall. The monsoon stays in India from June to September, which is known as the rainy season. In India, the rainy season follows the summer season. Farmers eagerly await the rainy season as rainfall plays a crucial role in growing crops in their fields. The rainy season brings new life to dry fields and vegetation. Rivers, ponds, wells, etc., get refilled during the rainy season. Temperatures rise during the summer, and the rainy month provides relief from this heat. The heaviest rainfall occurs in the months of July and August. The rainy season is considered a blessing for all living beings on earth.

Hockey

Variants of hockey include roller hockey, field hockey, sledge hockey, and ice hockey. Sledge hockey is played by the disabled, ice hockey on ice surfaces, and roller hockey with players wearing skates. Major Dhyan Chand, Manpreet Singh, K.D. Singh Babu, Ajit Pal Singh, Balbir Singh, and Roop Singh are known as some of the best hockey players in India. A white center line is drawn in the middle of the field. Hockey is played at a fast pace, so it is also known as a speed game. There are two teams in this game, each consisting of 11 players. Hockey is played with a J-shaped stick and a small ball. The length of the J-shaped stick is 36-38 cm, and the weight of the ball ranges from 340 to 790 grams. The team that scores the most goals is declared the winner at the end of the game.

Diwali

Diwali is a festival widely celebrated in India. It is celebrated by Indians all over the world. Diwali is called the festival of lights. Before this festival, we thoroughly clean our homes. On the day of the festival, we light lamps and pray. We decorate our homes with colorful rangolis, marigold garlands, and many lights. On this day, we make delicious sweets and other dishes. My parents always buy me new clothes to wear during the festival.

On Diwali, we give sweets as gifts to family and friends. To ensure that everyone is happy during these festival days, my family distributes sweets and other gifts among the poor.

अंग्रेज़ी में अनुच्छेद :

Reply Regretting Inability to Join

144, Stark Lane
Mumbai–400054
15/02/2024

Dear Sreya,
It is extremely thoughtful of you to plan a get-together for all of us. I wish I could join you, but I am sorry to say that I have a project starting next month, and it would not be possible for me to be there. If there is any way of preponing the get-together to any time before the month-end, I can definitely make it to our gathering.
I hope we can reschedule the get-together and not miss the chance to meet up. Waiting to hear from you.

With love,
Surya

The Other Guest

Once, a rich man invited Birbal for dinner. When Birbal arrived at the man's house, he noticed that there were several people already present.

"Oh, I didn't know you had invited so many other guests."

"No sir, Birbal. These are not guests, but my employees who are joining me for dinner tonight. But one among them is a guest just like you. Can you guess who?" said the man with a smile.

"Please tell them a joke, and I will tell you who the guest is," replied Birbal.

The man told a joke, and all the guests in the house burst into laughter.

"That man over there is the other guest," Birbal said, pointing towards a man.

"Yes! He is the one. But how did you guess it?" the amazed host asked.

"The joke you said was not so funny. Still, everyone laughed. But the guest only smiled, and that is how I could identify him," replied the smart Birbal.

Mahatma Gandhi

Mahatma Gandhi, born on October 2, 1869, in Porbandar, is India's most iconic figure. He has several monikers, such as 'Father of the Nation', 'Bapu', 'Mahatma', 'Rashtrapita', and many more. Gandhiji, popular for his simplicity, truthfulness and dedication to social justice, advocates the philosophy of non-violence (Ahinsa) and civil disobedience. Lakhs of people joined Mahatma Gandhi in his journey to free India from the colonial rule. He and his supporters organised movements like the Dandi March (Salt March) and the Quit India Movement, which eventually led to India's independence in 1947. He was assassinated on January 30, 1948, but his principles and message endure as a beacon of hope and unity.

अंग्रेज़ी अनुच्छेद का हिन्दी में अनुवाद :

असक्षम होने पर खेद जताते हुए उत्तर

144, स्टार्क लेन
मुम्बई—400054
15/02/2024

प्रिय श्रेया,
हम सभी के लिए एक साथ मिलने का आयोजन करने के लिए आपका विचार अत्यन्त सराहनीय है। काश मैं आपसे जुड़ पाता, लेकिन मुझे खेद है कि अगले महीने से मेरा एक प्रोजेक्ट शुरू हो रहा है, और मेरे लिए वहाँ आना सम्भव नहीं होगा। यदि किसी तरह इस मिलन समारोह को महीने के अन्त से पहले किसी भी समय आगे बढ़ाया जा सके, तो मैं निश्चित रूप से हमारी इस सभा में शामिल हो सकता हूँ।

मुझे आशा है कि हम इस मिलन समारोह को पुनर्निर्धारित कर सकते हैं और मिलने का यह मौक़ा नहीं चूकेंगे। आपकी राय जानने का इन्तज़ार रहेगा।
सप्रेम,
सूर्या

दूसरा अतिथि

एक बार, एक धनी व्यक्ति ने बीरबल को रात के खाने पर आमन्त्रित किया। जब बीरबल उस व्यक्ति के घर पहुँचे, तो उन्होंने देखा कि पहले से ही कई लोग मौजूद थे।

"ओह, मुझे नहीं पता था कि आपने इतने सारे अन्य अतिथियों को आमन्त्रित किया है।"

"नहीं सर, बीरबल! ये अतिथि नहीं हैं, बल्कि मेरे कर्मचारी हैं जो आज रात मेरे साथ खाना खा रहे हैं। लेकिन उनमें से एक अतिथि है, जैसे आप हैं। क्या आप अनुमान लगा सकते हैं कि वह कौन है?" व्यक्ति ने मुस्कान के साथ कहा।

"कृपया उन्हें एक चुटकुला सुनायें, और मैं आपको बताऊँगा कि अतिथि कौन है," बीरबल ने उत्तर दिया।

व्यक्ति ने एक चुटकुला सुनाया, और घर के सभी लोग हँसी में फूट पड़े।

"वह आदमी यहाँ दूसरा अतिथि है," बीरबल ने एक आदमी की ओर इशारा करते हुए कहा।

"हाँ! वही है। लेकिन आपने इसे कैसे पहचाना?" हैरान मेज़बान ने पूछा।

“जो चुटकुला आपने सुनाया, वह इतना मज़ेदार नहीं था। फिर भी, सभी हँसे। लेकिन अतिथि केवल मुस्कराया, और इसी से मैंने उसे पहचाना,” समझदार बीरबल ने उत्तर दिया।

महात्मा गांधी

महात्मा गांधी, जिनका जन्म 2 अक्टूबर 1869 को पोरबंदर में हुआ था, भारत के सबसे प्रतिष्ठित शख्सियत हैं। उनके कई उपनाम हैं, जैसे ‘राष्ट्रपिता’, ‘बापू’, ‘महात्मा’, अन्य और कई उपनाम। गांधी जी, जो अपनी सादगी, सत्यनिष्ठा और सामाजिक न्याय के प्रति समर्पण के लिए लोकप्रिय हैं, अहिंसा और सविनय अवज्ञा के दर्शन का समर्थन करते हैं। लाखों लोग महात्मा गांधी के साथ भारत को औपनिवेशिक शासन से मुक्त कराने की उनकी यात्रा में शामिल हुए। उन्होंने और उनके समर्थकों ने दाण्डी मार्च (नमक मार्च) और भारत छोड़ो आन्दोलन जैसे आन्दोलनों का आयोजन किया, जिसके कारण अन्ततः 1947 में भारत को स्वतन्त्रता मिली। उनकी 30 जनवरी 1948 को हत्या कर दी गई, लेकिन उनके सिद्धान्त और सन्देश, आशा और एकता के प्रकाशस्तम्भ के रूप में बने हुए हैं।

लिप्यन्तरण

1. Academy - अकादमी
2. Appeal - अपील
3. College - कॉलेज
4. Comedy - कॉमेडी
5. Cinema - सिनेमा
6. Diabetes - डायबिटीज
7. Electric - इलेक्ट्रिक
8. Fashion - फ़ैशन
9. Jailor - जेलर
10. Live - लाइव
11. Machine - मशीन
12. Pencil - पेंसिल
13. Station - स्टेशन
14. Typist - टाइपिस्ट
15. Zero - ज़ीरो
16. Acharya - आचार्य
17. Karma - कर्म
18. Bharat - भारत
19. Jungle - जंगल
20. Namaste - नमस्ते
21. Mahal - महल
22. Pajamas - पायजामा
23. Yoga - योग

24. Laddu - लड्डू
25. Vidyalaya - विद्यालय
26. Sanskrit - संस्कृत
27. Vigyan - विज्ञान
28. Vrat - व्रत
29. Saree - साड़ी
30. Hindustan - हिन्दुस्तान

अभ्यास

रिपोर्ताज लेखन

रिपोर्ताज की परिभाषाएँ

रिपोर्ताज आधुनिक युग में विकसित एक गौण गद्य विधा है, जिसका उदय द्वितीय महायुद्ध के समय युद्ध की घटनाओं के रिपोर्ट या विवरण प्रस्तुति के अन्तर्गत एक साहित्यिक विधा के रूप में हुआ था। इस प्रकार, यह विधा समाचारपत्रों की देन है और इसका जन्म पत्रकारिता की कोख से हुआ है। रिपोर्ताज फ्रांसीसी भाषा का शब्द है। यह अंग्रेज़ी के रिपोर्ट (Report) का हिन्दीकरण है। रिपोर्ताज का जन्म 1936 ई. में उस समय हुआ, जब अमेरिकी लेखक इलिया एहटेनबर्ग द्वारा अनेक रिपोर्ताज लिखे गये। द्वितीय विश्वयुद्ध की विभीषिका का साहित्यिक रूप में आँखों देखा वर्णन ने इसे एक साहित्यिक विधा के रूप में प्रतिष्ठित कर दिया। हिन्दी में रिपोर्ताज विधा का श्रीगणेश 'रूपाभ' में प्रकाशित शिवदान सिंह चौहान की रचना 'लक्ष्मीपुरा में' (दिसम्बर, 1938) से होता है।

1. शिवदान सिंह चौहान के अनुसार–"रिपोर्ताज एक रिपोर्ट है लेकिन इसके साथ उसमें घटना अपने परिवेश की सम्पूर्ण चित्रात्मकता के साथ भावों और संवेदना के ज्वार भाटे की तरंगों से एक सजीव अनुभव भी बन जाती है और पाठकों को सवाक् चित्रपट की भाँति किन्तु यथार्थ और विश्वस्त रूप से उनका अनुभव प्रदान करती है। आज के युग में रिपोर्ताज एक ऐसा रूप विधान है, जिसके द्वारा वर्तमान जीवन की संघर्षमयी वास्तविकता का अनुभव पाठकों तक पहुँचाया जा सकता है।

2. डॉ. रामस्वरूप चतुर्वेदी के शब्दों में–"रिपोर्ताज एक तरह से यात्रावृत्त का डिटेल है और अधिकतर तात्कालिक उत्तेजन के रूप में लिखा जाता है।"

3. हिन्दी साहित्य कोश, भाग 01 में रिपोर्ताज के विषय में कहा गया है कि–'रिपोर्ट के कलात्मक और साहित्यिक रूप को रिपोर्ताज कहते हैं। वस्तुगत तथ्य को रेखाचित्र की शैली में प्रभावोत्पादक ढंग से अंकित करने में ही रिपोर्ताज की सफलता है।

उपर्युक्त परिभाषाओं के आधार पर कहा जा सकता है कि मानवता को झकझोरने, रोंगटे खड़े करने वाले युद्ध, अकाल, महामारी, बाढ़, सूखा, भूख इत्यादि की त्रासदी एवं विभीषिकापूर्ण घटनाओं एवं विवरणों की आँखों-देखी एवं कानों सुनी सजीव, साहित्यिक, कलात्मक एवं प्रभावोत्पादक अभिव्यक्ति रिपोर्ताज है। चूँकि रिपोर्ताज मुख्यत: किसी रोमांचकारी, आतंककारी या विभीषक घटना-युद्ध, अकाल, बाढ़, सूखा आदि पर आधारित होते हैं, इसलिए वे निरन्तर नहीं लिखे जाते।

रिपोर्ट-रिपोर्ताज में अन्तर

1. रिपोर्ट का सम्बन्ध पत्रकारिता–जगत् से है जब कि रिपोर्ताज एक साहित्यिक विधा है।

2. रिपोर्ट में तथ्यों का लेखा-जोखा मात्र होता है, उसमें कलात्मक अभिव्यक्ति एवं साहित्यिकता का अभाव होता है, जब कि रिपोतार्ज तथ्यों को साहित्यिक, कलात्मक एवं प्रभावोत्पादक ढंग से प्रस्तुत करता है।

3. रिपोर्ट में जहाँ घटनाओं का विवरण होता है, वहीं रिपोर्ताज में घटनाओं की प्रस्तुति में सरसता की चाशनी होती है, जिसके कारण शुष्क रपट सरस साहित्यिक रूप प्राप्त कर लेती है।

4. रिपोर्ट का लेखक समाचारपत्रों का संवाददाता होता है जब कि रिपोर्ताज का लेखक एक साहित्यकार होता है।

रिपोर्ताज के गुण

1. आँखों-देखी, कानों-सुनी घटनाएँ ही रिपोर्ताज का वर्ण्य विषय होती हैं। रिपोर्ताज-लेखक के लिए घटना का प्रत्यक्षदर्शी होना आवश्यक है। तथ्यों का सजीव एवं यथार्थ वर्णन रिपोर्ताज का सर्वप्रधान गुण है।

2. घटना के यथार्थ वर्णन के साथ-साथ रिपोर्ताज को कथातत्त्व से युक्त होना चाहिए।

3. रिपोर्ताज का गुण उसकी साहित्यिकता, चित्रात्मकता अथवा कलात्मकता है।

4. रिपोर्ताज के लिए लेखक को पर्यवेक्षण-क्षमता में निष्णात होना चाहिए। रिपोर्ताज-लेखक को पत्रकार एवं साहित्यकार दोनों की भूमिका निभानी पड़ती है। डॉ. लक्ष्मीनारायण चातक व डॉ. हरि महर्षि ने लिखा है कि–"रिपोर्ताज-लेखन के लिए एक ओर पत्रकार, दूसरी ओर निबन्धकार और तीसरी ओर कहानीकार की

प्रतिभा अपेक्षित है। अनुभव की व्यापकता, जनजीवन से निकट सम्पर्क और सहज संवेदनशीलता रिपोर्ताज-लेखक के अपेक्षित गुण हैं।

5. घटनाओं के सफल नियोजन और प्रभावित संपुंजन में ही रिपोर्ताज की कला सन्निहित होती है। रिपोर्ताज-लेखक को बड़ी सजगता के साथ घटनाओं के नियोजन, घटनाओं के मर्म और पात्रों की मन:स्थिति इत्यादि का अंकन करना चाहिए तभी रिपोर्ताज की सफलता सम्भव है।

6. रिपोर्ताज के लिए आवश्यक है–लेखक की सरल, सहज विषयानुकूल एवं प्रभावशाली भाषा-शैली।

कहा जा सकता है कि रिपोर्ताज के आवश्यक गुणों में घटना का सजीव एवं यथार्थ-वर्णन, कथात्मकता, साहित्यिकता, चित्रात्मकता, कलात्मकता, विश्वसनीयता, घटनाओं का प्रत्यक्ष अनुभव और सफल नियोजन तथा सरल, सहज एवं प्रभावपूर्ण भाषा-शैली इत्यादि उल्लेखनीय हैं।

रिपोर्ताज के प्रकार

रिपोर्ताज के प्रमुख प्रकार निम्नांकित हैं–

1. घटना-प्रधान रिपोर्ताज : रोमांचक, विभीषक घटनाओं (यथा–युद्ध, अकाल, बाढ़, सूखा इत्यादि) पर लिखे गये रिपोर्ट घटना-प्रधान रिपोर्ताज कहलाते हैं; जैसे–रांगेय राघव का बंगाल के दुर्भिक्ष और महामारी पर 'तूफ़ानों के बीच' शीर्षक से लिखित रिपोर्ताज घटना प्रधान एक प्रसिद्ध रिपोर्ताज है। इसमें आँखों-देखी घटनाओं; यथा–भूख से बिलबिलाते नर-कांकालों एवं पूँजीपतियों, व्यापारियों, मुनाफ़ाख़ोरियों के अमानवीय कृत्यों इत्यादि का मार्मिक विवरण प्रस्तुत हुआ है। 'बंगाल का अकाल' (प्रकाशचंद गुप्ता) 'ऋण-जल धन-जल' (फणीश्वरनाथ रेणु) इत्यादि रिपोर्ताज हिन्दी के श्रेष्ठ घटना-प्रधान रिपोर्ताज हैं।

2. सामाजिक रिपोर्ताज : सामाजिक रिपोर्ताज का ताना-बाना सामाजिक जीवन-संघर्ष, सामाजिक चेतना, सामाजिक यथार्थ, सामाजिक बोध, सामाजिक जीवन के दुःख-दर्द इत्यादि पर आधारित होता है। 'मुन्नी की पढ़ाई', 'भिखारी का आगमन' (रांगेय राघव); 'इतिहास के पन्नों पर खून के धब्बे' (भगवतशरण उपाध्याय); 'ग़रीब और अमीर' (रामनारायण उपाध्याय); 'जुलूस रुका है' (विवेकी राय) इत्यादि रचनाएँ हिन्दी के प्रसिद्ध सामाजिक रिपोर्ताज हैं।

3. सांस्कृतिक रिपोर्ताज : सांस्कृतिक रिपोर्ताज का वर्ण्य विषय मेले, उत्सव, समारोह, अभिनन्दन इत्यादि पर आधारित होते हैं; जैसे–कन्हैयालाल मिश्र (स्वतन्त्रता

पूर्व कांग्रेस के अधिवेशन), माखनलाल चतुर्वेदी का अभिनन्दन समारोह, 15 अगस्त 1951 को आयोजित स्वतन्त्रता-समारोह इत्यादि हिन्दी के प्रसिद्ध सांस्कृतिक रिपोर्ताज के हस्ताक्षर हैं।

4. व्यंग्यात्मक रिपोर्ताज : व्यंग्यात्मक रिपोर्ताज का फलक व्यंग्य पर आधारित होता है; जैसे–विवेकी राय का 'बाढ़! बाढ़! बाढ़' शीर्षक व्यंग्यात्मक रिपोर्ताज है।

5. संस्मरणात्मक रिपोर्ताज : जिन रिपोर्ताजों में किसी घटित घटना आदि का स्मृति के आधार पर शब्दांकन किया जाता है, उसे संस्मरणात्मक रिपोर्ताज कहते हैं; जैसे–कैलाश नारद ('अगस्त क्रान्ति का जयन्ती वर्ष', 'धरती के लिए'), निर्मल वर्मा, रामकुमार, सतीशकुमार इत्यादि लेखक रिपोर्ताज के उल्लेखनीय लेखक हैं।

6. डायरी-शैली के रिपोर्ताज : डायरी शैली के रिपोर्ताज में वास्तविक का क्रमबद्ध निरूपण, तिथि एवं स्थान का निरूपण प्रमुखता से किया जाता है। अमृतलाल नागर की प्रसिद्धि डायरी-शैली के रिपोर्ताज और 'गदर के फूल' इत्यादि डायरी-शैली के रिपोर्ताज के प्रमुख उदाहरण हैं।

7. राष्ट्रीय रिपोर्ताज : राष्ट्रीय महत्त्व की व्याख्या करने वाले, राष्ट्र के गौरव एवं सम्मान को अक्षुण्ण रखने वाले रिपोर्ताज राष्ट्रीय रिपोर्ताज कहलाते हैं। 'धर्मयुग', 'नया पथ' इत्यादि राष्ट्रीय रिपोर्ताज के उदाहरण हैं।

8. अन्तरराष्ट्रीय रिपोर्ताज : विश्व पटल पर घटित घटनाएँ अथवा ऐसी घटनाएँ, जिनका प्रभाव विश्व के फलक पर दृष्टिगोचर होता है, उन पर लेखन अन्तरराष्ट्रीय रिपोर्ताज कहलाता है। फणीश्वरनाथ रेणु की 'नेपाली क्रान्ति-कथा', धर्मवीर भारती की 'युद्धयात्रा', निर्मल वर्मा की 'आग एक स्वप्न' इत्यादि रिपोर्ताज अन्तरराष्ट्रीय रिपोर्ताज के उदाहरण हैं।

अवलोकन के लिए एक रिपोर्ताज प्रस्तुत है :

शाहजहाँपुर बाढ़ की चपेट में

शाहजहाँपुर आजकल बाढ़ की चपेट में हैं। शहर गर्रा और खन्नौत नदियों के बीच बसा है। इन नदियों ने अपने आलिंगन में समेट रखा है शहर को। शहर इनसे बाहर निकलने की कोशिश करता है तो नदियाँ ग़ुस्से से उफनकर दबोच लेती हैं उसको। शहर को अपनी औक़ात पता चलती है। वह सहम-सिकुड़ जाता है नदियों के आग़ोश में। नदियाँ फिर उसको प्यार से समेट लेती हैं।

दो दिन पहले गये थे तो पता चला खन्नौत की तरफ़ के इलाक़े पानी में डूबे हैं। लोदीपुर की तरफ़ का रास्ता बन्द है। पानी से भरा है। केरूगंज की तरफ़ से शहर में घुसे।

जिस जगह हम रहे, वहाँ पानी नहीं भरा था। न बारिश हो रही थी। अन्दाज़ नहीं था कि जिनके घर पानी में डूबे हैं, उनके हाल कैसे होंगे।

पता चला और हमने बाद में पुल से देखा भी कि इमारतों में पानी भरा है। घर आधे-आधे डूबे हैं पानी में।

लोगों ने नदियों के किनारे घर बनाये हैं। कई साल पानी नहीं आता होगा उस इलाके में तो उसको सुरक्षित मानकर वहाँ घर बना लिये। लेकिन जब दस-बीस साल बाद नदी में पानी बढ़ता है तो उस जमीन पर फिर से क़ब्ज़ा करता है। डूबो देता है ज़मीन को।

नदियों किनारे नीचे इलाक़े में बने घर ऐसे होते हैं जैसे किसी ट्रेन की कोई रिजर्व बोगी में अनारक्षित यात्री आकर बैठ जाये कि पूरी यात्रा आराम से कटेगी। लेकिन चार-छह स्टेशन बाद वह यात्री आये जिसके नाम बर्थ रिजर्व है और ट्रेन में आराम से लेटे यात्री को उठाकर कहे, "भाई साहब, यह बर्थ मेरी है। ख़ाली कर दीजिए।" यात्री बेचारा दुखी होकर ख़ुद को और सामान को भी समेटकर सीट छोड़ देता होगा।

नदियाँ भी इसी तरह अपनी ज़मीन पर क़ब्ज़ा क़ायम करने को वापस लौटती हैं। लोगों को अपनी ज़मीन पर घर बसाए देखकर भन्ना जाती होंगी। बेदख़ल कर देती हैं लोगों को।

लेकिन यह पानी यहाँ की बरसात का नहीं है। बाँध से छोड़ा पानी है। कहीं और बरसा होगा पानी। बाँध में आया होगा। बाँध का पेट भरा है। उसने पानी इधर उलट दिया। बरसा कहीं भरा कहीं कहावत है न :

एक गाँव में आग लगी, एक गाँव में धुँवाँ।

एक दिन बाद खन्नौत की तरफ़ पानी कम हुआ तो गर्रा की तरफ़ बढ़ गया। नदी किनारे तमाम इलाक़े पानी में डूब गये। शहर के अस्पताल के सामने घुटनों, कमर तक के पानी में लोग भागते दिखे। जो बीमार हैं, उनका क्या हाल होगा।

लोग अपने घरों को छोड़कर दूसरे इलाक़े में भाग रहे हैं। सामान निकालना समस्या है। सामान ढोने वाली सवारियों के भाव बढ़े हैं। वो भी निकाल कहाँ पा रही हैं। लोग अपना सामान घर में ही छोड़ कर सुरक्षित इलाकों में जा रहे हैं।

बाढ़ के पानी ने रास्ते बदल दिये हैं। हमको 30 किलोमीटर दूर एक कार्यक्रम में जाना था। बरेली मोड़ पर पानी भरा होने के चलते दूसरे रास्ते जाना पड़ा। 30

किलोमीटर की दूरी 90 किलोमीटर में बदल गयी। रास्ते में जाम। 90 किलोमीटर की दूरी छह घण्टे में तय कर पाये।

शहर कई तरफ़ से पानी से घिरा है। जगह-जगह नदियों का पानी 'जनता-दर्शन' के लिए मौजूद है। लोग फ़ोटो-वीडियो बनाने में जुटे हुये हैं। अनगिनत फ़ोटो-वीडियो इधर-उधर टहल रहे हैं। लोगों के मोबाइल डिजटल बाढ़ में डूब रहे हैं।

दो दिन शाहजहाँपुर रहने के बाद वापस लौट आये कल। खन्नौत की तरफ़ का पानी कम हो गया था। जाते समय जिधर से रास्ता पानी में डूबा था, वह साफ़ हो गया था। उधर से ही आये।

शाहजहाँपुर में तमाम मित्रों से मिलना हुआ। कुछ से नहीं मिल पाये। फिर मिलेंगे।

संवाद लेखन

परिभाषा

दो या दो से अधिक व्यक्तियों के बीच होने वाले वार्तालाप को लिखित रूप में प्रस्तुत करने की प्रक्रिया को संवाद लेखन कहा जाता है। संवाद काल्पनिक भी हो सकता है और वास्तविक भी हो सकता है। भाषा कई तरह की होती है। बोलने वाले के अनुसार थोड़ी-थोड़ी भिन्न होती है। दो व्यक्तियों की बातचीत को 'वार्तालाप' अथवा 'सम्भाषण' अथवा 'संवाद' कहते हैं।

जो संवाद जितना सजीव, सामाजिक और रोचक होगा, वह उतना ही अधिक आकर्षक होगा। उसके प्रति लोगों का खिंचाव रहता है। वार्तालाप में व्यक्ति के स्वभाव के अनुसार उसकी अच्छी-बुरी सभी बातों को स्थान दिया जाता है। इससे छात्रों में तर्क करने की शक्ति उत्पन्न होती है। नाटकों में वार्तालाप का उपयोग सबसे अधिक होता है। इसमें रोचकता, प्रवाह और स्वाभाविकता की आवश्यकता होती है। व्यक्ति, वातावरण और स्थान के अनुसार भाषा हर तरह से सरल होनी चाहिए। वार्तालाप संक्षिप्त और मुहावरेदार भी होना चाहिए।

भाषा, बोलने वालों के अनुसार थोड़ी-थोड़ी भिन्न होती है। उदाहरण के रूप में एक अध्यापक की भाषा छात्र की अपेक्षा ज़्यादा सन्तुलित और सारगर्भित होती है। एक पुलिस अधिकारी की भाषा और अपराधी की भाषा में काफ़ी अन्तर होगा। इसी तरह दो मित्रों या महिलाओं की भाषा कुछ भिन्न प्रकार की होगी। दो व्यक्ति, जो एक-दूसरे के शत्रु हैं तो भाषा अलग होगी। संवाद-लेखन में पात्रों के लिंग, उम्र, कार्य, स्थिति अनुसार भाषा का प्रयोग होना चाहिए।

संवाद-लेखन की विशेषताएँ

1. संवाद सरल भाषा में लिखा होना चाहिए। उनकी भाषा सरल, स्वाभाविक और बोलचाल के निकट होनी चाहिए। उसमें क्लिष्ट तथा अप्रचलित शब्दों का प्रयोग न हो।

2. संवाद का आरम्भ और अन्त रोचक हो। प्रसंग के अनुसार संवादों में व्यंग्य-विनोद का समावेश होना चाहिए। यथास्थान मुहावरों तथा लोकोक्तियों के प्रयोग से संवादों में सजीवता आ जाती है।
3. संवाद में प्रवाह, क्रम और तर्कसम्मत विचार होना चाहिए।
4. संवाद में जितनी अधिक स्वाभाविकता होगी, वह उतना ही अधिक सजीव, रोचक और मनोरंजक होगा।
5. संवाद देश, काल, व्यक्ति और विषय के अनुसार लिखा होना चाहिए।
6. संवाद पात्रों की सामाजिक स्थिति के अनुकूल हों। अनपढ़ या ग्रामीण पात्रों और शिक्षित पात्रों के संवादों में अन्तर रहना चाहिए।

संवाद के कुछ उदाहरण :

1. गिरीश और रामू काका के बीच संवाद

गिरीश : यह पिल्ला कब पाला, रामू काका?

रामू काका : अरे भैया, मैंने काहे को पाला। यहाँ अपने ही पेट का ठिकाना नहीं। रात में न जाने कहाँ से आ गया!

गिरीश : तुम इसे पाल लो, काका!

रामू काका : भैया की बातें! इसे पालकर करेंगे क्या?

गिरीश : तुम्हारी कोठरी ताका करेगा।

रामू काका : कोठरी में कौन ख़ज़ाना गड़ा है, जो ताकेगा।

2. रोगी और डाक्टर के बीच संवाद

रोगी : (औषधालय में प्रवेश करते हुए) वैद्यजी, नमस्कार!

वैद्य : नमस्कार! आइए, पधारिए! कहिए, क्या हाल है?

रोगी : पहले से बहुत अच्छा हूँ। बुख़ार उतर गया है, केवल खाँसी रह गयी है।

वैद्य : घबराइए नहीं। खाँसी भी दूर हो जायेगी। आज दूसरी दवा देता हूँ। आप जल्द अच्छे हो जायेंगे।

रोगी : आप ठीक कहते हैं। शरीर दुबला हो गया है। चला भी नहीं जाता और बिछावन पर पड़े-पड़े तंग आ गया हूँ।

वैद्य : चिन्ता की कोई बात नहीं। सुख-दुःख तो लगे ही रहते हैं। कुछ दिन और आराम कीजिए। सब ठीक हो जायेगा।

रोगी : कृपया खाने को बतायें। अब तो थोड़ी-थोड़ी भूख भी लगती है।

वैद्य : फल ख़ूब खाइए। ज़रा खट्टे फलों से परहेज़ रखिए, इनसे खाँसी बढ़ जाती है। दूध, खिचड़ी और मूँग की दाल आप खा सकते हैं।

रोगी : बहुत अच्छा! आजकल गर्मी का मौसम है; प्यास बहुत लगती है। क्या शरबत पी सकता हूँ?

वैद्य : शरबत के स्थान पर दूध अच्छा रहेगा। पानी भी आपको अधिक पीना चाहिए।

रोगी : अच्छा, धन्यवाद! कल फिर आऊँगा।

वैद्य : अच्छा, नमस्कार!

3. ग्राहक और दुकानदार के बीच संवाद

ग्राहक : यह चिमटा कितने का है?

दुकानदार : यह तुम्हारे काम का नहीं है जी।

ग्राहक : बिकाऊ है कि नहीं?

दुकानदार : बिकाऊ नहीं है तो यहाँ क्यों लाद लाये हैं?

ग्राहक : तो बताते क्यों नहीं, कै पैसे का है?

दुकानदार : छे पैसे लगेंगे।

ग्राहक : ठीक बताओ।

दुकानदार : ठीक-ठीक पाँच पैसे लगेंगे, लेना हो तो लो, नहीं तो चलते बनो।

ग्राहक : तीन पैसे लोगे?

4. माँ और बेटे बीच -संवाद

माँ : आज कालेज से आने में काफ़ी देर लगा दी...।

बेटा : हाँ माँ, आज विश्व पर्यावरण-दिवस जो था।

माँ : तो क्या कोई विशेष कार्यक्रम था तेरे कालेज में?

बेटा : हाँ माँ, आज हमारे स्कूल में 'तरुमित्रा' के फ़ादर आये हुए थे।

माँ : तब तो ज़रूर उन्होंने पेड़-पौधों के बारे में विशेष जानकारी दी होगी।

बेटा : हाँ, उन्होंने जानकारी भी दी और हम छात्रों के हाथों पौधे भी लगवाये।

माँ	:	तुमने कौन-सा पौधा लगाया?
बेटा	:	मैंने अर्जुन का पौधा लगाया, माँ!
माँ	:	बहुत ख़ूब!
बेटा	:	जानती हो माँ, शिक्षक बता रहे थे कि यह पौधा हृदय-रोग में काम आता है।
माँ	:	वह कैसे?
बेटा	:	इसकी छाल और पत्ते से हृदय-रोग की दवा बनती है।

□□